ILEGALMENTE TUYO

ILEGALMENTE
TUYO

*La comedia
de mi vida*

RAFAEL AGUSTÍN

Traducción de Eric Levit

HarperCollins *Español*

Los libros de HarperCollins Español pueden ser adquiridos para propósitos educativos, empresariales o promocionales. Para más información, envíe un correo electrónico a spsales@harpercollins.com.

Título original: *Illegally Yours*

Publicado en inglés por Hachette Book Group en Estados Unidos en 2022

Copyright de la traducción de HarperCollins Publishers

Fotografía de la dedicatoria del archivo personal del autor

PRIMERA EDICIÓN

Traducción: Eric Levit

Este libro ha sido debidamente catalogado en la Biblioteca del Congreso de los Estados Unidos.

ISBN 978-0-06-320995-4

23 24 25 26 27 LBC 5 4 3 2 1

A mis dos Violetas

Contenido

CONTENIDO

Prólogo

Los barrotes de metal se cerraron con violencia peligrosamente cerca de mi cara. Fijé la mirada en el agente de inmigración fuera de la celda. No podía creerme que aquello estuviese ocurriendo. La pesadilla que me había perseguido de niño se hacía realidad. Iban a deportarme. Aunque debo admitir que no estaba siendo en absoluto como había temido. No había niños. No había jaulas. Estaba detenido en una cárcel española dentro de un aeropuerto. ¡Ni siquiera sabía que hubiese cárceles dentro de los aeropuertos!

Acababa de cruzar el país en avión de Los Ángeles a Nueva York y después había tomado un vuelo nocturno internacional a través del Atlántico hasta España. Al bajar del avión y llegar a la garita de aduanas, el funcionario español me pidió mi documentación. Se sorprendió al ver mi pasaporte ecuatoriano.

—¡¿Esto qué es?! —exclamó.

Le dije que era mi pasaporte ecuatoriano, pero que no le diera importancia. Como ahora era residente de los Estados Unidos de América, me apresuré a mostrarle mi nuevo y reluciente permiso de residencia. Frustrado, el funcionario español dijo:

—Eso da igual. Ecuatorianos, colombianos y cubanos necesitan un visado especial para entrar en España.

Espera... ¡¿qué?!

—¿Desde cuándo? —exigí saber.

—Desde el mes pasado —contestó el impávido funcionario de inmigración.

Por aquel entonces no lo sabía, pero España acababa de aprobar una ley draconiana para tratar de frenar la inmigración desde ciertos países sudamericanos y otras naciones con problemas económicos, como Marruecos y Polonia. España abría sus fronteras cuando necesitaba mano de obra barata y las cerraba con la misma velocidad cuando se terminaba el trabajo. Caí entonces en la cuenta de que todos los países del mundo utilizan la política migratoria para lo mismo: controlar la mano de obra. Pero yo no estaba ahí ni para trabajar ni para dar una charla sobre política migratoria. Aquel era mi primer viaje a Europa y lo que quería era pasarla bien, como cualquier americano joven, guapo y temerario.

Me llevaron a toda prisa con un agente de inmigración que estaba ahí cerca y este me arrastró a una oficina oculta en el aeropuerto. Los españoles estaban siendo muy reservados. Entonces, llegó un nuevo y desaliñado agente que se negó a dirigirme la palabra hasta que un abogado me hubiese leído mis derechos. Un torpe abogado español llegó media hora más tarde haciendo equilibrio con su café y su maletín en la misma mano. Por lo menos, el sistema judicial español se toma en serio que todo el mundo tenga asesoramiento legal. El abogado me dirigió un escueto saludo antes de lanzarse en una vertiginosa discusión en jerga legal en español... ¡con ceceo y todo! Traté de seguir la conversación, pero era muy difícil de entender. Esta no era la clase de español a la que me había acostumbrado en el sur de California. Asintiendo con la cabeza, mi abogado coincidió con algo que el agente había dicho y ambos madrileños se voltearon a mirarme.

—¿Por qué no solicitó el visado especial antes de venir? —me preguntó mi recién adjudicado abogado.

Ágil, contesté:

—¿Por qué demonios me permitió la compañía aérea volar sin visado?

Aquellos hombres se lanzaron en otra cómica y vertiginosa discusión en jerga legal española y volvieron a asentir. El agente de inmigración agarró el teléfono, escupió una última diatriba en un español que sonaba como una ametralladora y colgó dando un golpe con el auricular.

—Acabamos de multar con cinco mil dólares a Continental Airlines por dejarle volar —me informó.

—¿Qué? ¡No! No era eso lo que pretendía —dije, repentinamente más preocupado por el bienestar de la compañía aérea que por el mío propio.

Mi abogado intervino y trató de volver a explicarme que no podía ingresar a España sin un visado especial. Enfadado, solté:

—Está bien, pues mándenme de regreso a casa. —Y, por «casa», aclaré, me refería a los Estados Unidos, por si pretendían mandarme de regreso en un vuelo más barato a Sudamérica.

Por muy valiente que sonara por fuera, por dentro estaba empezando a entrar en pánico. Aquello era la encarnación de mi mayor miedo. Durante todos los años que pasé en los Estados Unidos como inmigrante indocumentado, sólo le temí a una cosa: a ser deportado. El agente declaró:

—No nos queda más remedio que mandarle de vuelta a los Estados Unidos.

—Muy bien —ladré.

Ya no me importaba. La emoción de explorar el campo español presumiendo de mi corte de cabello al estilo del César de George Clooney había abandonado completamente mi cuerpo. Aquella experiencia no podía ir a peor.

—Por desgracia —añadió el agente—, el próximo vuelo no despega hasta dentro de veinticuatro horas.

Eran las diez y media de la mañana en Madrid.

—Okey —dije, rindiéndome al fin—. ¿Van a alojarme en un hotel?

El agente me miró preocupado y dijo:

—Bueno... no es exactamente un hotel.

Miré furioso al agente de inmigración desde el otro lado de la celda en la que estaba encerrado. A decir verdad, estaba más enfadado conmigo mismo. Había ocultado mi estatus migratorio a las autoridades americanas durante muchísimo tiempo y, sin embargo, había bajado la guardia en mi primer viaje a Europa. Hacía no tanto, aquello hubiese sido un problema mucho más grave...

Ninja americano

La primera vez que escuché la palabra «América» fue de niño, cuando mi mamá, mi abuela y yo acompañamos al hermano menor de mi mamá, mi tío Andrés, al Aeropuerto Internacional José Joaquín de Olmedo de Guayaquil, Ecuador. Mi tío se iba a visitar a unos familiares en los Estados Unidos. Lo observé despedirse con un cariñoso abrazo de mi mamá y de mi abuela.

—Que Dios te proteja a cada paso del camino —dijo mi abuela.

Mi tío se despidió con la mano mientras embarcaba en el avión y nosotros nos quedamos a ver cómo el cálido viento de proa ayudaba a levantar el aparato hacia el brillante cielo azul tropical. Jalé el vestido de mi mamá y le pregunté:

—¿Adónde va el tío Andrés?

—Se va a América —me contestó ella.

No aparté la mirada de aquel Boeing 747 hasta que vi el último remanente de su cola desaparecer entre las nubes. Hasta donde yo sabía con mis cuatro años, lo único que existía en el cielo era el paraíso, así que decidí que América debía ser un lugar ahí.

Esa impresión se asentó a medida que me hice mayor y empecé a ver películas de acción de Hollywood. Arnold Schwarzenegger, Jean-Claude Van Damme y Sylvester Stallone ocupaban las pantallas de nuestra televisión sudamericana las veinticuatro horas del día. No tenía ni idea de que dos de esas estrellas de cine habían emigrado a los Estados Unidos y que la otra era hijo de inmigrantes. No sabía nada de aquello porque no entendía lo que decían. Por aquel entonces no hablaba inglés. Afortunadamente, no es necesario traducir una golpiza. Que Rambo dejara un reguero de cadáveres a su paso en nombre de los Estados Unidos significaba que América era un lugar por el que valía la pena morir. ¡Nunca vi a un veterano de guerra ecuatoriano con síndrome de estrés postraumático irse a cometer una matanza para defender el honor del plátano frito! Pero, con diferencia, mi héroe americano favorito era el ninja americano. *Ninja americano* era una película protagonizada por el galán norteamericano Michael Dudikoff, que más adelante protagonizaría otras fantásticas películas como *Ninja americano 2: La confrontación* y *Ninja americano 4: La aniquilación*. Para mí, todo empezó con *Ninja americano*. Con siete años, supe, en parte gracias a Michael Dudikoff, que debía dedicar el resto de mi vida a convertirme tanto en ninja como en «americano».

Aunque Rambo y el ninja americano eran mis favoritos, mis modelos a seguir no se limitaban a los musculosos y bravucones héroes de acción. También estaba obsesionado con los cómics de DC, con los dibujos animados de Disney y con *El lla-*

nero solitario. En otras palabras, de niño veía mucha televisión. Casi todos los días me la pasaba pegado a la versión doblada al español de la serie de televisión de Batman de los sesenta. Por aquel entonces, no tenía ni idea de que al Joker lo interpretaba el actor latino César Romero, que se negó a afeitarse su característico bigote de *latin lover* para el papel y tuvo que aplicarse maquillaje blanco durante toda la serie. Por aquel entonces, ni siquiera sabía lo que era un latino. Hasta donde yo entendía, yo no era más que un chico blanco sudamericano con una existencia cómoda en la casa relativamente grande de sus abuelos. Le pedía a una de las empleadas que me preparara un bol de fruta fresca mientras me tiraba frente a la televisión con mi disfraz de Halloween de Batman. Ver al caballero oscuro y a su joven protegido salvar Ciudad Gótica, Estados Unidos, lo era todo para mí. Eso y los mangos maduros.

Mi mamá había tenido que ahorrar para comprarme aquel disfraz de Batman como regalo de cumpleaños y lo llevaba a todas partes: al parque, a casa de mis amigos, durante la cena... Por aquel entonces, mi mamá no tenía mucha plata. Era altruista de corazón, así que en lugar de seguir la tradición familiar de dedicarse al derecho o a la política, había decidido hacerse doctora. Los médicos ganan mucha plata en casi todo el mundo, pero no en Ecuador, donde la medicina es pública. La nacionalización de la salud en Ecuador no era la verdadera culpable del declive económico de la nación. De hecho, estaba bastante bien saber que podías ir a cualquier hospital y recibir tratamiento médico sin importar quién fueras. El verdadero problema de Ecuador siempre ha sido la intervención extranjera y los líderes nacionales que la aceptan. En 1980, el año de mi nacimiento, el presidente socialista democráticamente electo murió de forma repentina en un accidente de avión, antes de poder reorganizar el sector de los hidrocarburos, una importante amenaza para los intereses de los Estados Unidos, o antes de poder nacionalizar el petróleo del país, que es el tercer producto más exportado de Ecuador y la tercera reserva de petróleo más grande de Latinoamérica. En 1981, el año de mi primer cumpleaños, el presidente socialista democráticamente electo de Panamá murió en un accidente de avión igual de repentino, antes de poder nacionalizar el canal de Panamá, otra gran amenaza para los intereses de los Estados Unidos. ¿Formaron parte estos «accidentes» de avión de la Operación Cóndor, una campaña de represión política y terrorismo de Estado apoyada por los Estados Unidos que involucró operaciones de inteligencia y el asesinato de opositores políticos? ¿Estoy planteando demasiadas preguntas serias para unas memorias relativamente cómicas? Es posible.

En cambio, mi abuelo era un juez muy influyente en Guayaquil. Además, había construido propiedades comerciales para alquilar frente a su casa para que mi abuela siguiera teniendo ingresos cuando él muriera. Desde el punto de vista de mi mamá, ya era suficientemente malo ser una madre soltera que vivía con sus papás, así que no quería pedirle a su papá más ayuda de la que considerara necesaria. ¡Y que le regalaran una propiedad comercial frente a su casa no era necesario! Mis primeros recuerdos son de estar con mi abuela junto a la ventana esperando el regreso de mi mamá tras un largo día de clases.

Cuando terminó Medicina y encontró un empleo en el hospital infantil más grande de Guayaquil, seguimos viviendo en casa de mis abuelos. Todo en Guayaquil se conseguía a través de contactos e influencias, y aquel primer trabajo de mi mamá como doctora no fue distinto. Ella se había divorciado de mi padre biológico, Ronald, cuando yo todavía era un bebé. En un intento por recuperarla tras ponerle los cachos demasiadas veces, Ronald, que por aquel entonces trabajaba en la Dirección Nacional de Antinarcóticos, intervino para conseguirle a mi mamá su primera residencia. También lo hizo para volver a congraciarse con mi abuelo, que lo había mandado a prisión hacía unos años por no pagar mi manutención a tiempo. Ronald se había estado esforzando mucho en alcanzar cierto nivel de notoriedad como joven abogado, pero entonces conoció a mi madre y a su litigante familia. Mi mamá nunca regresó con Ronald. Lo más irónico es que terminaría conociendo a mi padrastro en el mismo hospital en el que Ronald le había conseguido el empleo.

Mi padrastro era un cirujano pediátrico que vivía a la sombra de su exitoso padre, también cirujano pediátrico. Los cirujanos mayores preferían hablar con el padre de mi padrastro en lugar de con él, y esa fue una espina que se le quedó clavada para siempre. Cuando mi mamá llegó a su primer día de residencia, le recomendaron mantenerse alejada del irascible jefe de cirugía. Basándose en esta descripción, supuso que sería un imponente y viejo gruñón, pero, en cambio, se sorprendió al encontrarse con mi padrastro: una versión latinoamericana más joven, baja y delgada de Stephen Colbert. Era totalmente opuesto a mi padre biológico: honesto, estudioso y muy directo. Mi padrastro estuvo encamotado de mi siempre optimista mamá desde el momento en que la conoció. Su presencia nunca fallaba en colgarle una sonrisa del rostro. Pero mi padrastro tenía tres hijos con dos mujeres distintas y acababa de pasar por dos divorcios complicados, uno detrás de otro, así que había decidido que debía centrarse en la cirugía y evitar cualquier distracción personal.

Mi mamá trabajó sin descanso en aquel hospital durante su residencia. Se tomó un descanso el día de mi cumpleaños, pero después no la vi más. Pasé las Navidades solo con mis abuelos, preguntándome qué regalos le habría traído Papá Noel a mi mamá ese año. El Año Nuevo llegó muy deprisa. Viendo que estaba sobrecargado de trabajo, y quizá incluso más necesitado de un descanso que ella, mi mamá se armó de valor para invitar a mi padrastro a una de las legendarias fiestas de Fin de Año de mi abuelo. En un primer momento, él rechazó la invitación, dejando a mi mamá destrozada, pues estaba empezando a encariñarse con su superior. Pero, mientras mi padrastro trabajaba solo la noche del 31 de diciembre, se dio cuenta de que la mayoría de sus colegas había pedido tiempo libre para estar con sus familias y pensó: *¿Por qué me estoy haciendo esto?*

Mi padrastro llegó a casa de mis abuelos y llamó a la puerta dos horas antes de la medianoche, y mi apuesto tío Antonio lo recibió. Mi tío Antonio era abogado, primogénito de mi abuela y, aunque no fuera hijo biológico de mi abuelo, era quien más compartía su carácter fuerte de entre todos sus hermanos. Según bromea mi padrastro, de haber sabido que mi mamá ya tenía un hijo nunca hubiese ido a la fiesta. Para él no fue amor a primera vista. ¡Fue el miedo a tener que mantener a otro hijo a primera vista!

Todavía vestido con su bata de médico, mi padrastro destacaba en un mar de camisas de vestir y de guayaberas recién planchadas. Anduvo por la concurrida reunión familiar hasta llegar a mi abuelo. Por supuesto, sabía quién era Agustín Arrata. Todo el mundo lo sabía. Mi abuelo no conocía a mi padrastro, pero le gustó que un profesional médico hubiese venido en busca de su hija, así que le dio la bienvenida a su hogar al joven doctor. Mi padrastro saludó respetuosamente a mi abuelo y después esperó los diez insoportables minutos que tardó mi mamá en bajar las escaleras. Pero, cuando por fin lo hizo, fue algo digno de ver. Tenía un aspecto distinto en su entallado vestido azul de cóctel y con su glamuroso peinado. Incluso su maquillaje era impresionante. Mi mamá se había criado con un puñado de hermanas de las que había heredado los mejores trucos para hacerse el perfecto ojo ahumado. Mi mamá y mi padrastro coquetearon con torpeza durante alrededor de una hora. Todo iba bien hasta que bajé llorando por las escaleras. Estaba cansado y quería que terminaran ya la fiesta. ¿Por qué no era ya medianoche para que todos volvieran a sus casas? Mi mamá aprovechó para presentarnos. Desde el momento mismo en que nos conocimos, me trató como a un adulto. Tenía seis años. Me estrechó la mano con firmeza mientras mi mamá iba a ver cómo le iba a mi abuela con la cena de Fin de Año, que por lo general se comía sobre la medianoche. Mi padrastro y yo nos observamos mutuamente, estudiándonos.

No tardé en decidir que me gustaba mi padrastro. Todos

los hombres ecuatorianos que habían pasado por mi vida hasta entonces eran engañosamente encantadores. Uno de los exnovios de mi mamá jugaba conmigo sólo para convencerme de que le dijera a mi mamá cuánto me gustaba su pareja. ¡El *man* quería que le hiciera de compinche con mi propia madre! Mi padrastro no era engañoso. O, al menos, no lo parecía. Era severo. Lo que veías era lo que había. Me gustaba eso. Lo respetaba.

Mi mamá y mi padrastro empezaron su relación justo después de la fiesta de Fin de Año. Los tres nos fuimos a vivir juntos unos pocos meses más tarde. Me pareció muy emocionante ir a escoger un departamento juntos. Los tres íbamos a ser una familia. Encontramos un pequeño, agradable y pintoresco departamento en Alborada, que hubiese sido un barrio decente de clase media en Guayaquil si Guayaquil hubiese tenido una clase media. Pasé mucho tiempo en casa de nuestros vecinos viendo el doblaje en español de *Batman* y repeticiones de *El chavo del ocho* porque mis papás trabajaban muchas horas en el hospital. Normalmente, se organizaban para que al menos uno pudiese pasar la noche conmigo. En Ecuador, si tenías plata, le pagabas a una niñera para que criara a tus hijos. Pero mis papás no tenían tanta. Sólo los médicos privados con bastante capital de inversión (léase, una herencia) para abrir una clínica privada en Ecuador disponían de esa clase de dinero. Los médicos de la salud pública estaban a merced de los burócratas ecuatorianos y del estado de la economía nacional.

En una ocasión en que mi mamá estaba trabajando en el turno de noche, yo estaba a solas con mi padrastro en el departamento cuando recibió una llamada de emergencia sobre las once y media de la noche. Le habían disparado por accidente a una niña con una escopeta por la espalda y el hospital necesitaba a mi padrastro como jefe de cirugía para liderar la muy complicada operación. Sin pensárselo dos veces, me mandó ponerme los zapatos y salimos corriendo de casa. Llegamos al hospital infantil de Guayaquil en menos de veinticinco minutos. Mi padrastro me entregó a una enfermera que nos estaba esperando en la entrada y se fue a toda prisa en la dirección opuesta que tomé yo con aquella mujer, hacia un vestuario. No entendía qué estaba ocurriendo. La enfermera me ayudó a desnudarme y me puso un conjunto de ropa quirúrgica que le quedaba demasiado grande a mi cuerpecito. Me tapó la boca con una mascarilla quirúrgica y me puso cubrezapatos desechables en los pies antes de acompañarme por un pasillo muy iluminado. Todo parecía enorme: las luces de neón, el corredor, el frío suelo de baldosa. Entramos en una zona restringida y nos detuvimos para dejar pasar corriendo a un asistente de cirugía. Entonces, la enfermera abrió la gran puerta del quirófano y me hizo pasar con delicadeza.

Solo, observé aquel lugar. Directamente frente a mí, se encontraba lo que parecía ser un foco que iluminaba una cama metálica junto a la que pude atisbar unas cuantas figuras encorvadas. Me acerqué despacio y me di cuenta de que era un grupo de adultos con ropa y mascarillas quirúrgicas y que en la cama había una niña. Podía oír la voz de mi padrastro. Supe que era el hombre que estaba dando órdenes a todo el mundo gracias a sus características gafas de culo de botella apoyadas sobre su mascarilla. Observé a la persona que estaba administrando la anestesia y reconocí instintivamente los bondadosos ojos de mi mamá. Sabía que me estaba sonriendo a pesar de llevar la boca cubierta por la mascarilla. Entonces, miré a la paciente. Era una niña pequeña. Seis años. De mi edad. Tenía el pecho fracturado y lo mantenían abierto con cuatro grandes retractores de acero. Podía ver el latir de sus órganos, que la mantenían con vida. Mi padrastro estaba trabajando tan deprisa como podía para que siguiera así. Todo el evento podría haberme resultado traumático, pero no lo fue porque él y mi mamá estaban ahí. No tenía miedo. No me daba asco. Estaba, sencillamente, fascinado. Mi mamá y mi padrastro trabajaban de forma frenética para salvar la vida de una niña y, como no tenían plata para que alguien cuidara del suyo propio, yo estaba ahí para ser testigo de todo. Desde mi punto de vista, toda la experiencia se sintió como veinte minutos. Muchos años más tarde, mi mamá se reía recordando cómo me había quedado parado en el quirófano durante siete horas sin descanso durante una de las operaciones más complicadas que mi padrastro y ella realizaron nunca juntos. La pequeña sobrevivió. A mi parecer, mis papás eran verdaderos superhéroes.

Mi padrastro y yo establecimos una relación estrecha en muy poco tiempo, pero era el tipo de relación que tendrían un sargento instructor y su nuevo recluta. Como en el quirófano, mi papá estaba acostumbrado a ladrar órdenes, y, como niño, a mí se me daba bien obedecerlas. Nunca pasábamos tiempo de ocio juntos. No era el tipo de papá que te acompañaría a un partido de fútbol, sino más bien el que se quejaba de que los futbolistas no tenían trabajos de verdad. Así que me sorprendió que un día me invitara al cine. Resultó que a mi padrastro le gustaba tanto el cine americano como a mí. Aquel fin de semana en particular, se estrenaba *Ninja americano*. Ya sabes cómo cambió mi vida esa película. Pero lo que no sabes es que mi verdadero padre nunca me llevó al cine. De hecho, por aquel entonces, lo veía cada vez menos. De por sí, Ronald no era más que un padre a tiempo parcial, pero, con la llegada de mi padrastro, marcó todavía más las distancias. Quizá estaba demasiado ocupado con su floreciente carrera como abogado. Quizá quería mandarle un mensaje a mi mamá. Precisamente por eso, miré a mi padrastro mientras manejaba y le pregunté:

—¿Puedo llamarte «papá»?

Mi padrastro me miró con la misma mirada austera a la que me había acostumbrado. Podía ver mi esperanzado rostro reflejado en sus densos lentes. Volvió a mirar a la carretera y simplemente contestó:

—Sí.

Estaba eufórico por tener por fin un papá a tiempo completo. Nunca más volví a llamarlo «padrastro».

Una mañana, le pregunté a mi mamá si por favor podía comprarme un disfraz de ninja. Batman todavía tenía reservado un lugar especial en mi corazón, pero *Ninja americano* estaba a otro nivel. Mi mamá estaba inusualmente callada aquella mañana mientras miraba por la pequeña ventana de la cocina. No le di importancia y seguí comiéndome mi ensalada de frutas. Tras unos instantes, me miró y preguntó:

—¿Qué te parecería vivir en América?

Me quedé mirando fijamente a mi mamá y me pregunté si

hablaba en serio. Ella sonreía, aliviada por haber compartido por fin lo que había estado guardándose para sí todo aquel tiempo. Respiré hondo. ¿A quién le importaba el disfraz? ¡Estaba a punto de convertirme en un verdadero americano! Terminé mis mangos con la imagen de la bandera americana adornada con estrellas ninja bailando en mi mente.

Resultó que mi tía Teresa, la mayor de las hermanas de mi mamá, quien llevaba viviendo en los Estados Unidos desde que nací, había presentado una petición para que pudiéramos irnos a América mediante el programa de reunificación familiar. A mis padres les emocionaba la idea de convertirse en doctores en los Estados Unidos y ganarse bien la vida con ello. Parecía que lo único necesario para triunfar ahí era ser bueno en tu trabajo y estar dispuesto a trabajar duro muchas horas. En Guayaquil, una ciudad con casi quinientos años de antigüedad, que había sido fundada y saqueada sin distinción por conquistadores españoles, piratas ingleses y franceses y mercaderes internacionales, necesitabas ser más astuto y oportunista de lo que mis papás nunca se molestaron en ser. Los Estados Unidos parecían un buen cambio de aires para ellos. Por cierto, el programa de reunificación familiar de este país es algo que ahora conocemos como «migraciones encadenadas», un término despectivo que se hizo popular cuando empezó a asociarse con gente negra y morena. A nadie parecía importarle cuando los inmigrantes que llegaban a las costas norteamericanas provenían del noroeste de Europa. Desde que el Congreso restringió la ciudadanía por naturalización a «personas blancas» en 1790 y después aprobó la Ley de Exclusión China de 1882 como la primera ley migratoria general de los Estados Unidos, las medidas (léase, cuotas) que restringen la inmigración desde Asia, África y Latinoamérica han sido constantes en la tierra de la libertad. El pésimo pintor paisajista Adolf Hitler escribió maravillado sobre su admiración por el sistema migratorio americano: «Los Estados Unidos prohíben terminantemente la entrada en su territorio de inmigrantes afectados de enfermedades infecto-contagiosas y excluyen de la naturalización, sin reparo alguno, a los elementos de determinadas razas». Debido a este aterrador defensor del sistema migratorio americano y a la zaga de la Ley de Derechos Civiles de 1964, el enfoque de las cuotas migratorias de los Estados Unidos fue atacado por ser racialmente discriminatorio. Y, en 1965, la reunificación familiar se convirtió en la base de la reforma legislativa que nos permitió a mis papás y a mí venir a este país.

Durante las siguientes semanas, hubo muchas llamadas internacionales con mi tía Teresa. Mi mamá tenía conversaciones en persona con mis abuelos, mis tíos y mis tías que no llevaban a ninguna parte. Mi abuelo parecía especialmente triste porque los yanquis le robaran a su hija. Se mostraba muy solemne. Estoy seguro de que también le apenaba perderme a mí. Los dos habíamos sido inseparables desde mi nacimiento. Para mí, era «Tata», que era el ruido que había hecho de bebé la primera vez que lo vi: «Ta-ta». Tata fue una de las primeras personas en instalarse en Urdesa, la ciudad en la que me crie, y era juez del Tribunal Supremo para todo Babahoyo, que sería el equivalente a ser juez del Tribunal Supremo del estado de California, si el Tribunal Supremo del estado de California estuviese manejado por una panda de ecuatorianos borrachos. A mi abuela le encanta contar la historia de la vez en que, con tres años, protegí a Tata de su ira. Mi abuelo había regresado borracho por la noche y ella lo estaba confrontando furiosa cuando, de la nada, me interpuse entre ellos, la empujé y dije:

—¡Deja en paz a mi Tata!

Seguía enojada, pero ser empujada por un niño de tres años la hizo reír y tuvo que salir del cuarto para recuperar la compostura. Momentos después, regresó junto a mi mamá y ninguna de las dos podía creerse que mi abuelo y yo estuviésemos balbuceando puras huevadas, enfrascados en una conversación en la que confiábamos que el uno entendía lo que le decía el otro.

Me sentía dividido respecto a nuestra mudanza a América. No quería separarme de mis abuelos, pero no quería seguir viviendo ahí. Había soñado con hacerme americano desde que vi a Rambo atarse su bandana alrededor de la cabeza. Y, además, podría ver a mis tías y tíos, y conocer a todos mis primos, ¡algunos de los cuales tenían mi edad! No podía esperar a jugar a policías y ladrones con ellos, pero a la versión americana, que, basándome en las películas de acción que veía, asumía que no sería más que un constante estado policial. Fue entonces cuando mi mamá me agarró y me susurró:

—Pero no puedes contarle a tu padre —y añadió, compungida—: Tiene que ser nuestro secreto o no te dejará venir.

Mi padre biológico me recogía de vez en cuando y me llevaba a pasear con el resto de mis medio hermanos. Era el más joven de sus cuatro hijos. No teníamos una relación estrecha, pero sabía que era especial por ser el único que se le parecía. Para él, aquello era importante, pues se había criado sin parecerse a nadie de su familia y sus hermanos lo trataban distinto por ello. Sus primeros recuerdos de infancia son de su padre empujándolo cuando él le pedía un abrazo. Llegado el momento, lo mandaron a vivir con sus tíos a una espaciosa hacienda fuera de la ciudad. Su tío Rafael, en honor a quien me bautizaron, se convirtió en su verdadera figura paterna. Tiempo más tarde, cuando mi padre biológico tenía unos veinticinco años y acababa de abrir su primer bufete de abogados, un desconocido entró por la puerta de su nueva oficina y declaró ser su padre biológico. De golpe, todo cobró sentido. Era el resultado de una aventura.

Me sentía incómodo ocultándole al hombre que me había dado la vida que iba a irme del país. Mi mamá me había enseñado a decir siempre la verdad, pero, ahí estaba, pidiéndome que le ocultara ese enorme secreto. Me sentía ansioso cuando estaba con mi padre biológico. Trataba de no hablar a menos que me hablara él primero. Pensó que no la estaba pasando bien con él, así que me compró yogur y pan de yuca, y me dejó de vuelta con mi mamá. Solté un enorme suspiro de alivio cuando llegué a casa. Me comí mi pan de yuca y me pregunté si el pan de yuca americano estaría igual de sabroso. *Spoiler:* ¡no hay pan de yuca en los Estados Unidos! ¿Cuándo volvería a comer pan de yuca? ¿Cuándo volvería a ver a mis abuelos? ¿Existía siquiera Ciudad Gótica? Me pregunté incluso si de verdad quería abandonar Ecuador. Empecé a darme cuenta de que mi vida no estaba nada mal en el centro del mundo. No sólo mi abuela tenía empleadas que podían cocinar para mí siempre que tuviera hambre, sino que, además, mi abuelo era alguien importante en Guayaquil. Su hermano era almirante para el presidente de la República, lo que significaba que mi Tata tenía muchos contactos. No tenía ninguna necesidad real de dejar mi acomodada existencia ecuatoriana por la incertidumbre de los Estados Unidos. ¿Tendríamos acaso empleadas allá? ¿Tenía mi abuelo algún contacto con el presidente de los Estados Unidos? ¡¿Y qué pasa con el maldito pan de yuca?!

Dejamos nuestro departamento en Alborada y regresamos a casa de mis abuelos por unos días. Mi mamá se despidió de mi papá, que había empacado para un largo viaje. Iría él primero a los Estados Unidos para empezar a instalarnos. Era evidente que se me estaba acabando el tiempo para verbalizar mis objeciones. Ni siquiera tuve un momento para despedirme de mis amigos. Si una despedida a la francesa es irse de una fiesta sin avisar, entonces una despedida a la ecuatoriana debía ser irse del país sin avisar. En cuanto se marchó mi papá, mi mamá y yo volvimos a estar solos en nuestro antiguo dormitorio, el mismo que todos mis tíos y tías habían llamado «hogar» en algún momento. Le dije:

—Ya no quiero irme a América. Quiero quedarme en Ecuador.

Mi mamá me miró amorosamente, entendiendo mi preocupación. Me contestó:

—Sólo iremos por unos pocos meses.

Totalmente convencido de que regresaríamos en un abrir y cerrar de ojos, empecé a empacar alegremente para nuestras vacaciones americanas. Mi mamá dobló mi disfraz de Batman y fue a meterlo en la maleta, pero la detuve.

—Está bien, no hace falta que nos lo llevemos. Seguirá aquí cuando regresemos.

En realidad, lo que pretendía era que mi mamá me comprara un disfraz de ninja en nuestro viaje, pero no quería que se diera cuenta.

Llegamos a los Estados Unidos la semana del fin de semana del Día de la Independencia de 1988. De hecho, mi papá había llegado el mismo 4 de julio. Sé que suena como si me lo estuviera inventando para añadirle simbolismo a la historia, ¡pero es cierto! Mi papá llegó antes para ponerse en contacto con su primo, que, por aquel entonces, vivía en el condado de Los Ángeles. Su primo había emigrado a Los Ángeles, se había casado con una mujer filipinoamericana por los papeles, los agentes de inmigración habían descubierto la mentira y él había terminado enamorándose de ella de verdad. ¿Cómo los descubrieron? Los separaron durante la entrevista que les hicieron en su casa y les preguntaron a ambos qué clase de ropa interior llevaba el primo de mi papá. Ella dijo que «bóxer» y él que «*slip*».

Mi mamá y yo llegamos a Los Ángeles un viernes por la noche. Sentado junto a ella en el avión y viendo los fuegos artificiales del Día de la Independencia iluminar el cielo nocturno de la ciudad, me convencí de que anunciaban nuestra llegada. Lo que no sabía era que aquello no eran unas vacaciones y que aquel vuelo era en realidad un trayecto sólo de ida. Todavía ahora, cuando veo los fuegos artificiales del Día de la Independencia, me viene a la memoria un ingenuo niño étnico en un avión creyendo que la celebración es en honor a él y a su familia.

Mis papás y yo llegamos a América con sólo quinientos dólares en los bolsillos. De hecho, eran los bolsillos de mi papá, pero lo que era mío era suyo y lo que era suyo apenas podía pagar un mes de alquiler. Cuando llegamos a Los Ángeles, nos instalamos con mi tía Teresa y su marido Sergio. La tía Teresa y el tío Sergio vivían en una casa al estilo de los ranchos de California en Walnut, California, con sus tres hijos pequeños y un perrito faldero llamado Pacha. Tenían un dormitorio de invitados en su garaje que se convirtió en nuestra nueva residencia. Para mí, aquello fue como entrar en *La dimensión desconocida*. ¿Dónde estaba la alfombra roja anunciando mi llegada? ¿Dónde estaban las empleadas para ayudarnos a instalarnos? ¿Dónde estaba mi pan de yuca recién horneado? No lo entendía. ¿Por qué empeoraban constantemente nuestras condiciones de vida? Pasamos de una casa grande en Urdesa a un pequeño departamento en Alborada a literalmente un garaje en Los Ángeles. *Por suerte*, pensé, *sólo son unas vacaciones*.

Mi tía Teresa era la hermana mayor de mi mamá y mi madrina. Dato curioso: mi tía Teresa no vino a mi bautismo porque por aquel entonces ya vivía en los Estados Unidos, lo que la convierte oficialmente en la primera mujer en dejarme plantado. La tía Teresa era una antigua reina de la belleza y una vigente ingeniera en McDonnell Douglas, una importante empresa americana de la industria aeroespacial y contratista de defensa. El dormitorio de invitados del garaje de mi tía Teresa podría haber parecido una sauna improvisada con olor a Armor All y a Castrol GTX, pero no lo veíamos así porque era nuestro nuevo hogar. Pero, sobre todo, yo no lo veía así porque no tenía que vivir en él. Me dejaban quedarme en el cuarto de mi primo Chochis dentro de la casa. Chochis era dos años menor que yo, nacido un día después de mí en el mismo mes, y, según las leyes no escritas de la jerarquía de una familia inmigrante, estaba obligado a respetarme. O, al menos, eso me gustaba recordarle mientras me ignoraba y jugaba solo con su Nintendo.

A mi tía Teresa le encantaban las películas de animación americanas, y también me encantarían a mí poco después de llegar a los Estados Unidos. Como cualquier niño, amaba los dibujos animados de los domingos por la mañana, pero las películas animadas eran una experiencia mágica totalmente distinta. No eran historias episódicas en desarrollo. Estaban confinadas a un momento y a un lugar, lo que las hacía mucho más especiales y fáciles de coleccionar. Por eso, una noche cualquiera nos hizo sentarnos en familia para ver *Un cuento americano*. Si eres un joven inmigrante y nunca has visto *Un cuento americano*, ¡no lo hagas! Dirigida por Don Bluth y producida por Steven Spielberg, esta demoledora película animada sobre un joven ratón ruso que emigra a América con su familia para después perder a todos sus miembros por el camino me dejó bien jodido. Aquella noche lloré, aterrado de que me separaran de mis papás en este país. ¿Por qué alguien le mostraría esta propaganda traumatizante de separación familiar a un niño de siete años pocas semanas después de su llegada a los Estados Unidos? Mi tía Teresa y Steven Spielberg me deben una indemnización por todos los años de terapia que me costó esa película. Por fortuna, todavía ahora puedo poner «Somewhere Out There» y llorar felizmente hasta quedarme dormido.

Más tarde, instalaron un nuevo televisor a color de veinte pulgadas en el dormitorio de invitados del garaje. Este sistema de entretenimiento de alta tecnología sólo fue posible gracias al nuevo trabajo americano que le había encontrado su primo a mi papá. El trabajo de mi papá no era en un hospital, pero de todos modos se me hacía extraño que saliera a trabajar sin su bata de médico. Hasta entonces, pensaba que todos los adultos llevaban esas batas para trabajar porque tanto mi mamá como mi papá se las ponían en Ecuador siempre que salían de casa. Sin embargo, hacerse médicos en los Estados Unidos no iba a ser fácil. Descubrieron que sus licencias médicas no valían nada en este país y se vieron obligados a empezar de cero. Pero aquello no iba a detenerlos. Estaban decididos a trabajar de lo que fuera necesario para volver a ser médicos, aunque eso conllevara aprender un idioma nuevo, volver a estudiar y volver a examinarse. Pero, primero, mi papá salió a su primer día de trabajo vestido con unos *jeans* y una camiseta blanca ancha. Su apariencia podría calificarse de «pobre-chic». Gracias a su primo, mi papá puso a trabajar sus manos de cirujano pediátrico en los nuevos Nissan Maxima de 1988. No en sus motores, sino en sus encerados. Siguiendo la tradición migratoria de California, el primer trabajo de mi papá en este país fue lavando autos. Para ser exactos, en el Alamo Car Wash en West Covina. Lo más triste es que mi papá ganaba más plata con las propinas por lavar autos de la que nunca había ganado salvándoles la vida a niños en Ecuador, donde a menudo le pagaban con gallinas vivas.

Mi mamá, sin embargo, estaba sorprendentemente cerca de ganarse el premio mayor. Al menos en mi humilde opinión.

Sentado con ella, tratando de traducir las ofertas de trabajo en la sección de anuncios del periódico, vi que Pizza Hut buscaba personal. Caí entonces en la cuenta de que, si mi mamá trabajaba en Pizza Hut, podríamos cenar pizza cada noche. Me explico: Pizza Hut era considerada comida de lujo en Ecuador. Las cadenas de comida chatarra no cambian sus precios según el país, por lo que, dado el nivel de vida en Ecuador, en 1988 podías pagarte un plato de carne, arroz y frijoles por tres dólares, pero no podías permitirte un Cuarto de Libra, por no hablar del queso. Desde mi punto de vista, que mi mamá consiguiera un trabajo en Pizza Hut sería una bendición para nuestro estatus social. Así que la animé a aplicar siempre que tuve ocasión. Desafortunadamente, mi mamá no estaba de acuerdo con el estándar nutricional de la América corporativa, así que Pizza Hut no era una opción. De forma que fui condenado a comer comida ecuatoriana deliciosa y laboriosamente preparada, a riesgo de ser considerado de clase baja por nuestros nuevos vecinos americanos, pues sería evidente para ellos que no teníamos la clase de salarios altos necesarios para permitirnos comer pizza a diario.

Con el tiempo, conocí al resto de mi familia extendida: a mi tío Iván, hermano mayor de mi mamá y actual campeón de todos los chistes malos en lengua española; a su encantadora esposa mexicana, Lucha, y a sus tres hijos. Tres hijos parecían ser la media para todos los ecuatorianoamericanos de Los Ángeles. Tuve la suerte de que uno de los hijos de mi tío Iván, Choli, tuviera exactamente mi edad. Choli y yo nos volvimos mejores amigos desde el momento en que nos conocimos. No nos andábamos con rodeos: simplemente, corríamos afuera y empezábamos a jugar al básquet. Como niño sudamericano con inclinaciones futbolísticas, no sabía lanzar una pelota de básquet, pero Choli se tomó el tiempo de enseñarme. Era increíble tener un primo de mi edad. Se sentía como haber encontrado un hermano perdido, sólo que uno de nosotros sabía hablar inglés perfectamente. Uno de nuestros pasatiempos favoritos era representar películas de Hollywood frente al televisor del comedor de la tía Teresa. La que más nos gustaba era *Grease,* de John Travolta. Yo hacía de Danny Zuko; Choli, de Kenickie; su hermana, Diane, interpretaba a Rizzo; la hermana mayor de Chochis, Jessica, hacía de Sandy y el propio Chochis se veía obligado a ser el resto de los personajes secundarios. Quisiera decir que aprendimos a representar toda la película, pero, en realidad, no hacíamos más que repetir «Summer Nights» una y otra vez. Era una fantástica producción étnica desafinada que ningún adulto de nuestra familia tenía nunca tiempo de ver.

Como rápida nota aclaratoria: por aquel entonces, yo no sabía que se me consideraba étnico. Entiende, por favor, que a una edad tan temprana todavía no sabía lo que era la etnia. Nunca había escuchado los términos «latino» o «hispano» en Ecuador. Mi primo Choli tenía la piel clara y los ojos azules, ¡por Dios! ¿Cómo se suponía que mi cerebro de escuela primaria tenía que entender todo esto? En Sudamérica, era un niño pequeño blanco privilegiado (con un precioso bronceado aceitunado), así que, para mí, todo el mundo era rico (blanco) o pobre (gente que no podía permitirse comer pizza).

Por muy bien que la estuviera pasando con mis primos, tenía ganas de regresar con mis abuelos. Como para muchos niños en Latinoamérica, ellos habían sido los principales responsables de mi crianza. Y los extrañaba profundamente. Suponía que mis papás y yo regresaríamos muy pronto. Entonces, llegó mi cumpleaños y mi mamá cometió el mayor error de su corta vida adulta. Conspiró con mi tía Teresa para celebrarlo al mismo tiempo que el de Chochis para ahorrar plata y no tener que malgastarla en dos fiestas. Yo no tenía ni idea de que habían urdido aquel terrible plan. Mi mamá dijo que iríamos a Chuck E. Cheese por mi cumpleaños y yo confié en ella. Me pareció extraño ver a algunos de los amigos más jóvenes de Chochis con nosotros en el restaurante, pero asumí que simplemente querían celebrar mi vida. En Guayaquil, mis cumpleaños eran EL evento. Mi abuelo los utilizaba como pretexto para organizar una gran fiesta e invitar a toda la ciudad. Un año, alquiló un tren eléctrico para llevarme, junto a todos los niños del barrio, alrededor de la manzana. En otras palabras, por lo que a mí respectaba, mi cumpleaños era mi día y el de nadie más. Esa fue mi actitud cuando nos trajeron el pastel de cumpleaños y vi que tenía escrito tanto el nombre de Chochis como el mío. *Ni cagando*. Cuando todos cantaron el «Cumpleaños feliz», me aseguré de repetir «Rafa» dos veces para que sonara a: «Cumpleaños feliz, cumpleaños feliz, les deseamos Rafa y... ¡RAFA!». Mi abuela nunca hubiese permitido semejante farsa. Hasta hoy, Chochis y yo todavía no nos hemos recuperado.

Si las fiestas de cumpleaños en América iban a ser así, entonces no me interesaban. El ninja americano no tenía que celebrar su cumpleaños con otros ninjas... aunque, a decir verdad, no había visto su cumpleaños en la película. En cualquier caso, de inmediato le pregunté a mi mamá cuándo íbamos a regresar a Ecuador.

—Pronto.

Volví a preguntárselo una semana más tarde y dijo de nuevo:

—Pronto.

Me repitió aquella mentira tan a menudo que dejé de creerla y un día, simplemente, rompí a llorar. Estaba descorazonado. Extrañaba a mis amigos. Extrañaba a mis abuelos. Chochis ya no me hablaba porque me había negado a reconocer su nacimiento. Aquellas vacaciones empezaban a sentirse como una debacle. Fue entonces cuando mi mamá se sinceró conmigo:

—Vinimos para empezar una nueva vida. Tu papá y yo vamos a la escuela a aprender inglés para poder ser doctores aquí. Y pronto tú también irás a la escuela.

Mi mamá me había engañado. Nunca me había mentido hasta entonces, así que tenía mucho que asimilar. Por un lado, la forma en que me habló, como a un adulto con sólo ocho años, me hizo poner los pies en la tierra. Por otro, me había mentido. Y me había enseñado que no había que mentir nunca. Básicamente, este país había obligado a mi mamá a mentirme, ¡así que ahora América y yo teníamos un problema! Decidí hacerme fuerte. Se acabó el simpático ecuatorianito. Era hora de crecer y adaptarme. Charles Darwin desarrolló su teoría de la evolución en Ecuador —en las islas Galápagos—, así que lo mínimo que podía hacer era tratar de adaptarme a mi nuevo entorno. Aprendí a utilizar el microondas. También aprendí a sacar la basura. Tenía que dejar de comportarme como un niño pequeño blanco sudamericano privilegiado. Dejé de quejarme de que no hubiese choferes para llevarnos al parque. ¿Andar hasta el parque? Ningún problema. Ya no me sentía insultado por la sugerencia de mi tía Teresa. Incluso dejé de sentirme resentido por la falta de comodidades del dormitorio de invitados del garaje. Todo parecía ir de maravilla hasta que asistí a mi primer día en la escuela pública.

Hasta ese momento de mi vida, sólo había estado matriculado en escuelas privadas. Estaba acostumbrado a la culpa católica, a los uniformes horribles y a la falta de diversidad. Asumía que la escuela pública americana sería igual. Mi mamá y yo llegamos a Oswalt Elementary a las siete y media de la mañana de un lunes. Cuando todos los niños blancos se nos adelantaron corriendo y gritando en inglés, me quedó claro que sería el único niño blanco de la escuela que no hablara el idioma. Por suerte, mi primo Choli ya era alumno de Oswalt Elementary, así que tendría alguien con quien pasar los recreos. Entonces, vi a un puñado de niños afroamericanos pasar corriendo. Después, unos cuantos niños asiáticoamericanos. Nunca en la vida había visto tanta diversidad en un solo lugar. Era sobrecogedor. Las películas y series americanas que veía de niño no incluían a tantas minorías. Las percibí como un peligro, así que por algún motivo, mi Michael Dudikoff interior quiso salir a defender a América. Entonces, los vi: los niños mexicanoamericanos. Y, por Dios, se parecían más a mí que los niños blancos. La verdad era difícil de entender. Estuve a punto de tener un aneurisma cerebral.

Mi mamá me acompañó a la secretaría. Mientras terminaba de rellenar el papeleo de inscripción, mi mamá se cruzó con una pregunta que no había visto nunca: «¿Es su hijo un alumno especial?». Pues bien, mi mamá, que no sabía que «especial» tiene un doble sentido en inglés, y que sí sabía que estaba en el cuadro de honor en mi antigua escuela y que, asumámoslo, dado que era hijo único, por supuesto que me consideraba condenadamente especial, escribió: «*Yes. Mi hijo is a special student*».

No hace falta decir que mi primera semana de escuela en esta gran nación la pasé en una clase de educación especial. Noté que había algo raro en mis nuevas lecciones desde el principio. Era cierto que no dominaba del todo la lengua inglesa, pero supe que algo iba terriblemente mal cuando la maestra se paró frente a toda nuestra clase de tercer grado con una naranja en la mano derecha y otra en la izquierda y dijo:

—Una naranja más otra naranja son dos naranjas.

No fue solo que me pareciera algo ofensivo enseñarle a un niño inmigrante con naranjas. Estaba, sobre todo, confundido. ¿Eran todos los niños de esa clase «especiales» o era sólo que no hablábamos inglés? Traté de comunicarle a mi maestra rubia que iba tres niveles por delante a todo el resto de mi curso en matemáticas y ciencias, pero no entendió lo que le estaba diciendo. Sacaron a mi pobre primo Choli de su clase para que pudiera traducirme. Choli entró en mi aula totalmente avergonzado de que lo asociaran con el único niño que no hablaba inglés. Toda su arrogancia de Kenickie había desaparecido. Tradujo lo que le dije a mi maestra:

—Señorita Summers, yo no debería estar en esta clase.

La señorita Summers soltó un *ooh* en voz alta y contestó:

—Lo sé. Nadie debería estar en esta clase.

Choli regresó a su clase y yo regresé a mi asiento, confundido.

En lo que respecta al trabajo, un amigo de la familia le había hablado a mi papá de un empleo en el sector médico en el Good Samaritan Hospital en el centro de Los Ángeles. Era para un puesto de técnico en su centro de trastornos del sueño. Con su formación, mi papá estaba sobrecalificado, pero, en ese punto, hubiese aceptado cualquier cosa que lo sacara de lavar a mano más autos. El nuevo trabajo exigía un número de la Seguridad Social. Por suerte, cuando llegaron a los Estados Unidos, mis tías y tíos les explicaron a mis papás que, como adultos, los necesitarían porque eran imprescindibles para trabajar y manejar en el país. Así que lograron conseguir los suyos antes de que las leyes sobre quién podía adquirir un número de la Seguridad Social cambiaran. Mis papás, sin embargo, no solicitaron una tarjeta de la Seguridad Social para mí porque, según la lógica de todo el mundo, era un niño y me faltaba mucho para empezar a trabajar. ¿Para qué iba a necesitar un número de la Seguridad Social? Ya hablaremos de esto más adelante.

Contrataron a mi papá en el centro de trastornos del sueño, lo que significó que pudo dejar atrás su trabajo lavando autos. Dado que el nuevo empleo le exigía quedarse despierto por las noches cuando sus pacientes dormían, mi mamá le hacía compañía mientras monitorizaba las ondas cerebrales de sus pacientes. Sus nuevos empleadores no sabían que ella estaba ahí, pero eran turnos de noche y no había nadie que pudiera decirle nada. En realidad, mi mamá iba para darle apoyo moral. Mi papá era nuevo en el país, en un nuevo empleo y apenas hablaba el idioma. La presencia de su esposa lo calmaba mucho.

Esa fue la rutina de mis papás el primer año en este país: asistir a las clases de Inglés Como Lengua Extranjera en el Mt. San Antonio College durante el día y después irse al Good Samaritan para el turno de noche. Apenas los veía. Pasaba las noches en vela preguntándome dónde estaban. Irónicamente, su ausencia me provocó un trastorno del sueño. Pensaba que la idea era venir a América para tener una vida mejor. Las cosas parecían ir peor aquí que en Ecuador.

Como mi mamá acompañaba a mi papá al trabajo cada noche, mis papás y yo éramos como barcos en la madrugada. Nos veíamos por las mañanas, pero luego hasta los fines de semana. Pasaba la mayoría de mis horas de ocio con mis primos mientras los adultos de la casa trabajaban a tiempo completo. Para cuando llegaba el fin de semana, todos parecían agotados, sobre todo mis papás. América tenía un estilo de vida distinto y apenas alcanzaban a acostumbrarse a él. En Ecuador, no todo el mundo tenía el privilegio de encontrar trabajo, pero al menos todo el mundo tenía tiempo para estar con su familia. ¿Quizá era debido a todo el tiempo libre que tenían por no trabajar? Sin embargo, en los Estados Unidos, cualquier cuerpo funcional podía encontrar un empleo no especializado y mantenerlo mientras fuera capaz de producir. Pero, desafortunadamente, en este país no había tiempo para la familia.

Si mi mamá se arrepintió de haber venido a América, nunca lo demostró. Aceptó este nuevo y agotador experimento por su marido y su hijo, y nunca se quejó de él. Mi papá decía que algún día serían médicos en América, quizá incluso en el UCLA Medical, y, por Dios, ella lo creía. Ambos trabajaban sin descanso por esa meta. Primero, de lunes a viernes, pero, al final, los siete días de la semana. Me parte el corazón pensar que nunca lograrían ser médicos en los Estados Unidos. Pues la mayor lección que aprendieron mis padres en este país es que el Sueño Americano no es para ti, sino para tus hijos.

Campo de sueños

Con el tiempo, mis padres ahorraron el dinero suficiente para abandonar el garaje e irnos a nuestro primer pequeño departamento en Duarte, California. No era tan acogedor como el que habíamos tenido en Ecuador, pero íbamos por buen camino. El complejo de departamentos estaba junto a una autopista, algo deteriorado y lleno de familias de minorías. Curiosamente, estaba empezando a entender que, en este país, mi destino estaba mucho más ligado a estas familias que a cualquier persona blanca que hubiera idolatrado en las películas americanas que siempre había amado.

Era el año 1989. Me despedí de todos mis primos y de Oswalt Elementary y nos mudamos a Duarte para vivir cerca de los primos de mi mamá, mi tía Betty y mi tío Pete. No los conocía antes de mudarnos a los Estados Unidos, pero, como todos mis parientes aquí, fueron muy hospitalarios. Duarte se sentía como una tranquila y agradable pequeña ciudad conservadora. Estaba entusiasmado. En mi mente, por fin íbamos a vivir nuestra visión del estilo de vida americano. Las torres eléctricas y sus largos cables que había por todo el barrio arruinaban un poco nuestra postal americana perfecta, pero ya me entiendes.

Por aquel entonces, mis papás luchaban por mantenerse al día con una enorme deuda que no dejaba de crecer tras mudarnos al departamento y comprar un auto de segunda mano. Les chocaba cuán dispuestas estaban las empresas de tarjetas de crédito a preaprobarles nuevas líneas de crédito. Por desgracia, no te enseñan responsabilidad financiera al pasar por aduanas. A mi mamá no le dieron su primera tarjeta de crédito en Ecuador hasta que demostró que llevaba varios años trabajando. En los Estados Unidos, se la dieron sin haber tenido ningún empleo. Fue en esta época cuando me di cuenta de que mi papá empezaba a sufrir ansiedad por la plata. Que le llegaran facturas por correo era una forma infalible de arruinarle el día.

Una vez, mi papá recibió un volante inesperado en el buzón. Yo agradecí que no fuera otra factura. El documento venía de parte de una organización local sin ánimo de lucro que, aparentemente, estaba tratando de ayudar a los trabajadores inmigrantes. El texto pretendía dar nociones de responsabilidad financiera a las comunidades inmigrantes de los alrededores. Ayudé a mi papá a traducirlo: «Si pretende salir adelante en esta economía, debe tener dos empleos en todo momento para asegurarse de ser capaz de sobrevivir a una recesión». Eso fue todo lo que mi papá necesitó escuchar. Empezó a buscar un segundo trabajo de inmediato. Tenía el empleo en el centro de trastornos del sueño de lunes a viernes y encontró otro trabajo a tiempo parcial redactando informes para clínicas los sábados y domingos. No volví a ver a mi papá. Salvo por nuestras visitas de los domingos a ampm, por supuesto.

ampm era una cadena de tiendas de conveniencia de la Costa Oeste (parecida a 7-Eleven) que también vendía comida chatarra. Las tiendas siempre estaban pegadas a una gasolinera. Mi papá insistía en llevarnos a mi mamá y a mí todos los domingos a comer hamburguesas a ampm y, por aquel entonces, el ambiente de donde comía no podía darme más igual. ampm era una experiencia maravillosa para mí porque fue donde probé por primera vez el kétchup Heinz. ¿Por qué nadie me había dicho lo bien que sabía América? Casi me apunto a hacer campaña por John Kerry para las presidenciales al descubrir que se había casado con alguien de la familia Heinz. Estoy seguro de que Heinz pone *crack* (la misma droga que la cocaína, pero con sentencias más duras para la gente de color) en su kétchup. En otras palabras, el kétchup Heinz sabía extraordinario en mis hamburguesas de ampm de los domingos. De lo que no tenía ni idea era de que mi papá nos llevaba allí porque no podía permitirse más que la promoción de «noventa y nueve centavos por dos hamburguesas» que hacía la cadena por aquel entonces. ampm era la forma que tenía mi papá de alimentar a la familia los domingos y, ¿sabes qué? Me encantaba. No cambiaría ninguna comida lujosa de ahora por el recuerdo de comerme una hamburguesa de cincuenta centavos en una gasolinera con mis papás. Muchos años más tarde, mi papá me confesó que su momento más bajo en este país fue el tener que llevarnos a mi mamá y a mí a cenar a ampm. Es de locos... aquel fue uno de los mejores momentos de mi infancia.

Poco después de mudarnos a Duarte, mi mamá anestesióloga por fin encontró su primer trabajo americano. Yo solo
había estado una vez en un Kmart y recuerdo pensar que era
demasiado grande. Ecuador no tenía tiendas de descuento del
tamaño de Kmart. Cada pasillo se veía vasto e interminable.
Temía perderme para siempre. Me mantuve pegado a mi mamá
porque sentía que aquella era la clase de tienda que se comía a
los niños pequeños. Nuestro Kmart local no estaba cerca y mis
papás sólo tenían un auto para ambos, así que, como mi papá
tenía que ir más lejos, mi mamá se ofreció a caminar una hora
para llegar a las afueras de la ciudad, donde estaba situado su
nuevo empleador. Tras su primer día de trabajo americano, mi
mamá regresó a casa y le contó a mi papá que había encontrado
algo interesante en el piso del Kmart. Había encontrado dos
solitarios billetes de cien dólares esperándola milagrosamente
ahí. Dos *Benjamins* no eran ninguna tontería para una inmigrante recién llegada y desesperada por empezar a ganar plata
para sustentar a su familia. Pero, en lugar de quedarse los billetes y comprarle a su educado y angelical hijo un muy merecido
muñeco de G.I. Joe equipado con su propio vehículo militar
Humvee, mi mamá les entregó los doscientos dólares a sus
supervisores. A mi papá le pareció que había hecho lo correcto, pero me di cuenta por el tono de su voz que él se hubiese
quedado con la plata. Al día siguiente, mi mamá descubrió por
sus compañeros hispanohablantes que lo de los doscientos dólares en el piso era una trampa que la dirección del Kmart local
les ponía a los nuevos empleados para ver cuán honestos eran.
Esto, por supuesto, era harto despreciable, pero no pareció

molestar a mi mamá, que nos contó la historia orgullosa mientras nos comíamos los raviolis Chef Boyardee que había traído del trabajo. Si Dios estaba realmente poniendo a prueba su carácter, mi mamá sentía que estaba aprobando con nota. No sé si aplicarían esta política de los doscientos dólares en todas las tiendas Kmart con una mayoría de minorías, pero mi mamá hubiese devuelto la plata de todas maneras.

Mi mamá no tardó en adaptarse al trabajo. Todos sus compañeros hispanoparlantes apreciaban su actitud animada. Incluso le gustaba el largo paseo de vuelta a casa. Decía que la mantenía en forma. Sin embargo, una tarde, cuando mi mamá regresaba al departamento, miró al otro lado de la calle y vio a un hombre blanco más o menos de su edad saliendo de una agencia inmobiliaria. Al principio, no le dio ninguna importancia: el hombre iba vestido de traje y no tenía nada especial. Pero, entonces, le sonrió indecorosamente, se desabrochó los pantalones y se exhibió. Le daba igual quién pudiese pasar y verlo. Temiendo que la atacara sexualmente, mi mamá salió a la carrera. Jadeando y casi sin aliento, entró en el primer establecimiento que encontró, que, por suerte, era un restaurante mexicano. Se sintió segura. En español, le contó al dueño lo que había ocurrido y este le permitió utilizar el teléfono. Mi mamá no llamó a la policía. Llamar a la policía era más aterrador que un desconocido agarrándose la entrepierna. El dueño y unos cuantos camareros salieron para enfrentarse al hombre, pero había desaparecido. Mi papá no tuvo más remedio que comprar un segundo auto. No sabía cómo iban a pagarlo, pero no podía permitir que mi mamá siguiera volviendo a pie del trabajo.

Ahora mi mamá tenía un nuevo auto de segunda mano y lo utilizábamos juntos siempre que no estaba trabajando. Normalmente, para ir a visitar a mis tías, tíos y primos que no vivían cerca de Duarte. El auto estaba casi para desguazar, pero nos llevaba del punto A al punto B. Un día en que mi mamá y yo regresábamos de la lejana casa de una tía, el auto se averió en la peligrosa zona industrial de la ciudad. No estábamos ni a medio camino del punto B. Éramos solo mi mamá y yo, pero logramos empujar el auto hasta un mecánico cercano que nos dijo que tendría que quedarse el vehículo hasta el día siguiente. Esperé junto a mi mamá en una cabina telefónica mientras llamaba a mi papá y a todos mis tíos y tías con las pocas monedas que llevaba en el portavasos con la esperanza de que alguien pudiera recogernos. Nadie podía. Mi mamá colgó y, a veinte años de que se inventaran las aplicaciones de servicios de transporte, me agarró de la mano y dijo:

—Andaremos hasta casa.

Me inquietó un poco que estuviéramos en un barrio peligroso, pero miré a mi mamá y vi que no mostraba ningún temor, así que me sentí seguro.

Empezamos nuestra larga caminata desde el taller. Anduvimos a través de calles sucias, frente a sórdidos bares y almacenes y a través de un largo paso elevado sobre una autopista. Los autos frenaban al pasar junto a nosotros. Escuchaba a los hombres decirle groserías a mi bella y esbelta mamá, pero nunca tuve miedo, porque siempre que la miraba seguía sin mostrar temor. Estaba decidida a que llegáramos sanos y salvos a la casa.

Después de un rato, empezaron a dolerme los pies de tanto

andar. Estaba muy cansado y pregunté si nos faltaba mucho para llegar. Mi mamá dijo:

—Ya casi estamos.

Veinte minutos más tarde, le hice la misma pregunta. De nuevo, contestó:

—Ya casi estamos.

Aquel día, anduvimos durante más de cuatro horas. Llegamos a la casa de Duarte al anochecer. Mi papá llegó más o menos al mismo tiempo. Estaba tan preocupado por mi mamá y por mí que su miedo se había convertido en irritación.

—No puedo creer que nadie de tu familia pudiera recogerte —dijo, enojado porque nadie en la amplia familia de mi mamá hubiese podido traernos.

Pero, para ser justos, él tampoco lo había hecho.

Entre la comida enlatada durante la semana y las hamburguesas de ampm de los fines de semana, este país estaba empezando a hacerme ganar mucho peso. Comida enlatada, comida chatarra, comida procesada... nunca había sido tan cruel con mi cuerpo. Si mi mamá hubiese comprado una tarjeta para hacer llamadas internacionales para hablar con mis abuelos, hubiese agarrado el teléfono para anunciar con júbilo: «¡Abuela, me puse gordo!».

La gente no podía creerse cuánto había engordado. En Ecuador, siempre había sido un niño flaco. Quizá era el sol ecuatoriano, que me hacía sudar mucho, o quizá que la comida casera era más sana para mi cuerpecito. En cualquier caso, mi cintura se expandía más deprisa que el imperialismo americano. Era hora de que empezara a practicar algún deporte.

Como podrás imaginar, mi tía Betty y mi tío Pete tenían tres hijos ecuatorianoamericanos. El primero, mi primo Raúl, era un año mayor que yo y estaba obsesionado con el béisbol. Lo que significaba que, a su vez, yo también empecé a obsesionarme con el béisbol. Además, ¡era el pasatiempo americano! En Ecuador se jugaba sobre todo al fútbol, pero eso exige correr demasiado y ser muy atlético. El béisbol no. Ese sí que era un deporte poco cansador que podía interesarme. Le dabas a la pelota tan fuerte como podías tres o cuatro veces por partido, te quedabas parado en el mismo lugar durante horas esperando a que ocurriera algo y comías muchos *hot dogs* al terminar. El béisbol era definitivamente el deporte para mí.

Raúl y yo nos pasábamos el día jugando al béisbol en el parque junto a su casa y solo parábamos para ver los partidos de los Dodgers en televisión. Todavía no se nos había pasado la euforia por la victoria del equipo el año anterior en la World Series del 88. Te recuerdo que 1988 fue el año en que llegué a este país. La gente puede discutir sobre si Babe Ruth (¿era negro?) o Jackie Robinson (sin duda, negro) o Ted Williams (¡medio mexicano!) fueron los mejores jugadores de béisbol. Pero, para mí, el mejor jugador en sostener nunca un bate será siempre Kirk Gibson. No debían darle un turno al bate en el primer partido contra los claros favoritos, los Oakland Athletics, debido a dos lesiones de rodilla. Sin embargo, sin otras opciones y con la carrera del empate en posición anotadora al final de la novena entrada, Gibson salió renqueando del *dugout* hacia la caja del bateador acompañado por la ensordecedora sorpresa del estadio. Vi el partido con mi primo, ambos pegados al televisor. La cuenta llegó a tres bolas con dos *strikes*. Una cuenta completa. Lo que ocurrió después es historia del béisbol. Imagina ver ese bateo de la World Series siendo un niño inmigrante recién llegado a Los Ángeles. Cuando el comentarista, miembro del salón de la fama, Vin Scully, anunció aquel jonrón de la victoria, bien podría haber estado hablando de mi llegada a América: «En un año en que esto ha sido tremendamente improbable, ¡ha ocurrido lo imposible!». Kirk Gibson no volvió a necesitar nunca un turno al bate. Aquel jonrón sería por siempre la bienvenida a este país que necesitaba.

Expuesta en su estantería, Raúl tenía una posesión verdaderamente valiosa que había obtenido un año antes de mi llegada a Duarte. Era una pelota de béisbol firmada por el exjugador de los Dodgers Steve Garvey. En aquella época, Garvey ya era un primera base retirado que había sido diez veces *All-Star*, ganador del MVP de la National League y el poseedor del récord de más partidos consecutivos jugados en la National League. ¡Cualquier padre inmigrante admiraría esa ética de trabajo! Raúl me contó que lo conoció en un partido de los Dodgers al que fue con su equipo de la Little League. Curioso, le pregunté:

—¿Eso es todo lo que tienes que hacer para conocer a los Dodgers? ¿Apuntarte a la Little League?

Raúl asintió con seguridad. Le supliqué a mi mamá que me apuntara a la Little League esa misma noche. Era la única forma en que podría conocer a los Dodgers, porque sabía que mis papás no podían permitirse llevarme a ver un partido de verdad. Mi mamá dijo que se informaría. Mientras no fuera muy costoso, me apuntaría.

Unas semanas más tarde, invitaron a Raúl a otro partido de los Dodgers con su equipo de la Little League. Estaba increíblemente celoso, pero no podía esperar a que Raúl regresara a casa y me contara toda su experiencia en el estadio de los Dodgers. Necesitaba saber cómo se veían los jugadores en persona. ¿Atrapó alguna pelota en *foul*? ¿Le preguntó Kirk Gibson por mí? Tan pronto Raúl llegó a casa, le supliqué a mi mamá que me llevara en auto a verlo. Entré corriendo, les di a mis tíos los besos de rigor en las mejillas y entré a toda velocidad en el dormitorio de Raúl. Lo bombardeé con un millón de preguntas. Raúl sonrió con la seguridad de un magnate de los medios hablando con un aspirante a periodista, desesperado por su gran oportunidad. No sólo vio todo el partido en persona, sino que también pudo ver calentar a los jugadores. El mánager, Tommy Lasorda, incluso lo saludó con la mano. En mi opinión, en aquel momento Raúl hubiese podido morir feliz. ¿Para qué más necesitaba vivir? Entones, Raúl sacó otra pelota de béisbol firmada por casi todos los jugadores del equipo. Me quedé helado. No podía creer que mi propio primo, hijo de inmigrantes ecuatorianos, hubiese logrado que los Dodgers reconocieran su existencia, por no hablar de firmarle una pelota. Percibiendo mi tremendo asombro, Raúl decidió hacer la cosa más bondadosa que haya hecho nunca por mí, desde entonces o hasta ahora: me dio la otra pelota de béisbol de los Dodgers que tenía firmada.

—Toma —dijo, ofreciéndome la pelota dentro de su caja de plástico transparente—. Mi pelota de béisbol firmada por Steve Garvey es tuya.

¡Santa Shakira! Por aquel entonces no sabía quién era Steve Garvey, pero daba igual. ¡Era un Dodger! Acuné esa pelota autografiada por Steve Garvey como a un bebé. En el camino de regreso a casa, se la mostré a mi mamá, pero no le permití tocarla. Steve Garvey no era Kirk Gibson, pero aquella pelota de béisbol firmada por un Dodger se convirtió de todos modos en la más nueva y valiosa posesión de mi dormitorio.

A mi papá no le interesaba el béisbol. Se crio jugando al básquet en Sudamérica; era un ecuatoriano verticalmente limitado con gruesas gafas de culo de botella enamorado de los aros. Quizá le faltaba altura, pero lanzaba uno tiros en suspensión increíbles. En aquellos tiempos, mi papá se veía exactamente como un John Stockton con gafas de pasta negra. Probablemente por eso nunca fui hincha de los Utah Jazz: cada vez que jugaban, ¡parecía que fueran a castigarme! A mi papá no le interesaba el béisbol, pero eso no le impidió preguntarme un domingo por la mañana:

—¿Por qué no nos vamos al parque a jugar a la pelota?

Me froté enérgicamente los ojos para asegurarme de que no estaba soñando. ¿Iba en serio? Jugar a la pelota era todo cuanto siempre había deseado hacer con él.

Mis papás y yo paseamos juntos hasta el parque Royal Oaks. No hay palabras para lo emocionado que estaba. Tenía nueve años y estaba a punto de jugar al pasatiempo americano con mi papá. Se sentía como un episodio de *Leave It to Beaver*, sólo que el sol era de un amarillo brillante y no blanco y negro. Mi mamá nos organizó un picnic con las sobras de la noche anterior mientras mi papá hacía algo que nunca había hecho: ponerse un guante de béisbol. Quizá se le había contagiado mi amor por el deporte. O quizá se sentía culpable porque nunca hubiésemos jugado a la pelota en todo el tiempo que llevábamos en los Estados Unidos. Cualquiera fuera el motivo, aquel domingo iba a jugar a la pelota con su hijo.

Los primeros lanzamientos no estuvieron mal. Al menos mi papá lo intentaba. Tenía mejor técnica que él por haber visto los vídeos de los mejores momentos de Orel Hershiser, pero él tenía fuerza. Mi papá también tenía una buena coordinación mano-ojo. La necesitaba para ser cirujano pediátrico: las vidas de los niños dependían de ello. Estaba tan concentrado en jugar con él que estuve a punto de romper a llorar cuando, sin querer, lancé la pelota por encima del muro del jardín trasero de alguien. El muro era imposiblemente alto y, por mucho que gritara, no parecía haber nadie en casa. Mierda. Era la única pelota de béisbol que tenía para jugar. ¿Por qué no tenía otra? Parecía una broma. Mi papá se sintió mal por la situación y me preguntó:

—¿Qué quieres que hagamos?

Mis pensamientos iban desbocados. La tienda de deportes no estaba lo bastante cerca para que fuéramos a comprar otra pelota. Y, ¿a quién quería engañar? Tampoco teníamos plata para algo tan extravagante como una nueva pelota de béisbol. Lo único que estaba cerca era nuestro departamento, pero no tenía pelotas de recambio. Las había gastado todas con Raúl. Mi papá trató de calmarme diciéndome que podíamos regresar a jugar el fin de semana siguiente, pero sabía que no iba a ocurrir. Jugar a la pelota conmigo estaba reservado para los días en que no tenía que trabajar, lo que, en aquel momento, ocurría exactamente un día: ¡aquel día!

Contra todo buen criterio, le dije a mi papá que me esperara y me apresuré hacia mi casa. Corrí a toda velocidad hasta nuestro departamento porque me di cuenta de que aquello era todo lo que siempre había deseado: jugar al béisbol con mi papá. Me aferré a la esperanza de que pudiera haber dejado alguna pelota bajo la cama. Irrumpí en mi dormitorio y busqué por todas partes, pero no hubo suerte. Y, entonces, me acordé: había exactamente una sola pelota de béisbol más en todo el departamento. Miré fijamente la pelota firmada por el Dodger, sellada en su caja de plástico protector. Tenía que escoger entre proteger a Steve Garvey para siempre o seguir jugando a la pelota con mi papá. La respuesta me pareció evidente.

Regresé corriendo al parque de Royal Oaks gritando:

—¡Encontré una! ¡Encontré una pelota!

Mi papá se levantó del mantel de picnic de mi mamá, se puso de nuevo su guante y gritó:

—¡Dispara!

Ya te he dicho que no sabía mucho de béisbol.

Miré aquella pelota autografiada en mi mano. Mi posesión más preciada en este país. No voy a mentir, el primer lanzamiento me dolió. Podía sentir cómo la tinta se evaporaba en el aire... el oxígeno rascando la pelota. Después, mi papá hizo un lanzamiento que se quedó corto y rebotó contra el césped. Hice una mueca de dolor. Podía ver el verde de la hierba teñir el blanco de la pelota. Pero, a medida que jugábamos, la felicidad que me embargó superó cualquier amor que sintiera por toda la institución de los Dodgers, incluyendo a Kirk Gibson. Reí mientras lanzaba la pelota con todas mis fuerzas y mi papá fingía tener que esforzarse por atraparla. Aquel día, el sol californiano brilló con fuerza sobre tres inmigrantes latinoamericanos.

Médicos con fronteras

La semana antes de empezar en mi nueva escuela en Duarte, mi mamá me preguntó:

—¿Quieres ir a Disneyland?

Ya sabía la maldita respuesta. Le había estado rogando que me llevara desde que llegamos a este país. Estaba emocionado. No podía creer que, tras años de suplicas, por fin fuéramos a ir a Disneyland. Mi mamá había conseguido juntar bastante plata para hacer mi sueño realidad. Disneyland no estaba nada cerca de donde vivíamos, no estaba ni siquiera en el mismo condado, pero un viaje al lugar más mágico de la tierra era imprescindible. La noche anterior fui incapaz de dormir. No dejaba de preguntarme cómo sería Disneyland y si todos los personajes que había visto en las películas de Disney estarían allá. Mi mamá me había leído todos los cuentos de Disney y luego me había puesto sus películas en Ecuador. Estaba listo para conocer a Blancanieves, a Mickey Mouse, a la Cenicienta, al Pato Donald, a la Bella Durmiente, a Goofy, etc. Quienquiera que fuera, ¡estaba listo para conocerlo!

El primer paso en el parque me dejó sin aliento. Nos recibió una estación de tren con una enorme cabeza de Mickey Mouse hecha de flores justo enfrente. El monorraíl zumbaba sobre nosotros desde las alturas. Dentro del lugar más feliz de la tierra (el *marketing* funciona muy bien conmigo), le pedí a mi mamá que, por favor, me comprara una camiseta azul de Mickey Mouse que había visto expuesta en la vitrina de una tienda de regalos. Por desgracia, me dijo que no porque no teníamos tanta plata. Desanimado, la seguí hasta la cola de una atracción basada en un personaje de Disney del que nunca había oído hablar. Le pregunté a mi mamá a voz en grito:

—¿Quién es Peter Pan?

Las familias americanas a nuestro alrededor se quedaron sin aliento.

—¿Nunca le ha leído Peter Pan a su hijo? —preguntó una madre ofendida que había por ahí.

—¡Peter Pan es un personaje esencial de Disney! —exclamó otra.

Todo el mundo en un radio de cinco metros exigió saber por qué mi mamá nunca me había dicho nada de Peter Pan. Muerta de vergüenza, me sacó de la cola y me llevó directo a la tienda de regalos, donde me compró la camiseta azul de Mickey Mouse. Mi mamá todavía se siente profundamente avergonzada por no haberme leído Peter Pan desde pequeño. Y, siendo sinceros, debería.

Post Disney, estuve por fin preparado para entrar en cuarto grado en Royal Oaks Elementary. Aquello fue un nuevo comienzo más para mí. Lo vi como otra oportunidad para acertar el papel de estudiante americano. Mi escuela anterior no había sido fácil. Había tardado todo un año escolar en aprender a hablar bien en inglés. Si no fuera por mi primo Choli, hubiese estado totalmente aislado. Pero ahora que sabía el idioma, me sería más sencillo hacer amigos. Como muchas de las escuelas a las que asistí en esos primeros años, Royal Oaks estaba llena de maestros blancos y viejos que trataban de enseñarle a una manada de alborotados estudiantes minoritarios. Estaba empezando a sentirme como en casa en la América multicultural.

Me gustaba la escuela en Duarte. Había muchos más inmigrantes y niños latinos. Eso me hacía sentir parte de una familia, más seguro, y me ayudó a empezar mi proceso de aprendizaje. Sin embargo, había una niña en clase que destacaba entre todos nosotros: Erin. Erin era una niña blanca de nueve años con la cara llena de pecas, el cabello de un rojo brillante y unos resplandecientes ojos azules. Irónicamente, Erin era la de aspecto exótico en un mar lleno de niños de color. Como he dicho antes, de niño miraba mucho la televisión y toda la gente deseable en pantalla tenía la piel blanca, así que no es de extrañar que aquello influyera en mi percepción de lo que hacía bella a una persona. Y no era el único que idealizaba aquella estética. Veía cómo las mujeres en mi vida se esforzaban por parecerse a las glamurosas actrices blancas de Hollywood. Incluso mis bellas tías de piel bronceada se teñían el cabello de rubio. En retrospectiva, me doy cuenta de que Hollywood no era lo único que promovía los estándares eurocéntricos de belleza. Cuando mis papás veían la televisión en español, todas sus estrellas, presentadores y reporteros del noticiero tenían la piel blanca y los ojos de colores claros. Por aquel entonces, no entendía la política detrás de todo eso, pero, sin duda, internalicé aquellos estándares de belleza. Y Erin era la personificación de esos estándares.

Había admirado a Erin desde lejos durante meses. Pocas veces hablaba directamente con ella, pero, cuando decía algo ingenioso o gracioso en clase, siempre me fijaba mucho en si me estaba prestando atención. Así que tenía la guardia baja cuando una de sus amigas se me acercó una mañana durante el recreo. Esto también era inusual porque los niños y las niñas por lo general estaban segregados debido a los piojos y a otras enfermedades mortales. Me preguntó si Erin me parecía bonita. Sin pensármelo dos veces, le contesté:

—Claro que sí.

La amiga me contestó que yo le gustaba a Erin, así que se lo diría.

—Espera —le dije, sin tener ninguna otra respuesta preparada.

Se me ocurrió que no debería dejar que alguien que me gustaba supiera que me gustaba. Pero ya había mostrado mis cartas y no se me ocurría ninguna forma interesante de dar marcha atrás. La amiga de Erin esperó a que dijera algo, pero no tenía nada que decir, así que se encogió de hombros, se volteó y corrió de vuelta a la zona de las niñas del patio para informar de sus averiguaciones. Por supuesto, pasé el resto de la tarde pensando en todas las cosas que podría haberle dicho y que me hubiesen hecho parecer misterioso e intrigante. Pero había sellado mi destino y ahora tenía que esperar.

Por fortuna, no tuve que esperar mucho. Aquella misma noche, estaba cenando con mis papás cuando sonó el teléfono. Normalmente, cuando nos llamaban a esa hora, siempre era algún familiar. Con suerte, era una llamada internacional de mi abuela para saber cómo estábamos. Mi mamá contestó al teléfono y dijo «hola» en español. Escuchó por unos segundos y, entonces, perpleja, me alargó el teléfono:

—Es para ti.

Curioso, agarré el auricular y, también en español, dije:

—Hola.

—*Hi*. Soy Erin.

—Oh, *hi*.

Hubo un momento de silencio incómodo entre los dos. Nunca había hablado con una chica por teléfono. No sabía qué decir. Entonces, Erin se quejó de un niño de la clase que a mí también me parecía molesto y ya no callamos más. Estuve con Erin al teléfono durante alrededor de media hora, hasta que escuché a su mamá mandarle que dejara libre la línea. Teníamos sólo nueve años, así que no hablamos más que de nuestros amigos y de las tareas de clase que odiábamos. Cuando colgamos, mi mamá me preguntó:

—¿Quién era?

—Una niña de la escuela.

—¿Una nueva amiga? —preguntó, divertida, con un brillo en los ojos que no me gustó.

—Supongo.

Mi mamá rio entre dientes, sabiendo que no sabía en qué me estaba metiendo.

Erin y yo nos saludamos con la mano al día siguiente en la escuela, pero eso fue todo. Pero volvió a llamarme a casa aquella noche. Y eso se convirtió en nuestra rutina. No entendía cómo podía gustarle a Erin. Ni siquiera me gustaba a mí mismo desde que me fui de Ecuador. Estaba regordete y tenía acento hablando en inglés. No me gustaban las niñas. Sólo quería jugar al béisbol. Erin me llamaba a casa cada noche como un reloj. Mis papás no podían creérselo. Si no era un familiar quien hacía sonar el teléfono, siempre temían que fuera el arrendador exigiendo la plata del alquiler. Pero siempre sonaba por Erin.

En una de nuestras muchas llamadas nocturnas, Erin por fin preguntó:

—¿Quieres ser mi novio?

Yo no sabía qué significaba eso. ¿Ser el novio de alguien le añadiría más tareas a mi día? Aunque confuso y algo cansado, contesté:

—Claro.

Esa respuesta definiría mi punto de vista de las relaciones románticas durante los siguientes veinte años. Siempre me limité a seguir la corriente.

Un agradable domingo, fui en bicicleta hasta casa de Erin. Iba a ser la primera vez que estaríamos juntos fuera de la escuela. Erin y sus hermanos iban a jugar a *Calabozos y Dragones*, un juego de mesa del que nunca había oído hablar, y ella pensó que sería chévere que fuera con ellos. *Claro*, pensé. Cuando llegué, me sorprendió descubrir que, como yo, vivía en un bloque de departamentos. Nunca me había encontrado por allá a alguien que se pareciera a Erin. Entré y los saludé a ella, a su mamá, a su abuela y a sus dos hermanos pequeños, de los que no sabía nada. Después, nos sentamos a jugar a aquel juego en la mesa del comedor. Me dieron una hoja de personaje que me pareció muy confusa. Después, colocaron un mapa del mundo muy elaborado frente a nosotros. Empezó a sentirse como si estuvieran dándome tarea para hacer en fin de semana y aquello no me hizo gracia. Y, cuando uno de los hermanos de Erin se declaró pomposamente el Amo del Calabozo, narrador principal y hacedor de normas, me desconecté por completo del juego. El único motivo por el que no me fui fue porque era el novio de Erin. Y, como no terminaba de entender lo que significaba, pensé que lo mejor sería pasar tiempo con ella y hacer lo que me dijera. ¡Otra lección sobre relaciones que me hubiese encantado recordar de adulto!

Erin tenía dos hermanos menores y, aunque en teoría somos los hispanos quienes tenemos familias grandes, ahí estaba yo: un hijo único pasando la tarde con una familia blanca más grande que la mía. Quizá incluso eran católicos.

Mi papá siempre se quejaba de los hermanos de mi mamá. No entendí por qué hasta que jugué a *Calabozos y Dragones* con los hermanos de Erin. Su obsesión con el juego y con cómo escoger la raza y la clase adecuada de tu personaje era muy molesta. Recuerdo pensar que quizá no quería que los hermanos menores de Erin fueran mi familia política, igual que mi papá no quería que los hermanos de mi mamá fueran su familia política. No sé cómo supe esto con sólo nueve años, pero el Amo del Calabozo me dio la impresión de ser la clase de cuñado que siempre andaría pidiéndome plata.

Tras dos insoportablemente largas horas, por fin me despedí de Erin y de su familia. Me alegraba de haberme librado de *Calabozos y Dragones* para siempre. Salí y recogí mi bicicleta. Antes de que pudiera irme pedaleando, Erin salió corriendo y se paró entre mi bicicleta y la acera. Me sonrió coqueta y se inclinó despacio hacia mí. No entendía qué estaba haciendo o por qué se inclinaba tan cerca de mi cara. Erin cerró los ojos. Me pregunté si estaba tratando de oler mi camiseta. Mi mamá había estado utilizando un nuevo suavizante que olía chévere, pero ¿cómo podía saber eso Erin? Apenas podía olerme yo mismo. Erin frunció los labios, dejó de esperar a que yo entendiera y me besó ella misma. Me dejó aturdido, pero no me quejé. Fue mi primer beso. Ni siquiera un Amo del Calabozo lo hubiese escrito mejor.

Mientras yo estaba ocupado enredándome con la Ama del Calabozo, mis papás estaban en su propia aventura. Todo empezó cuando decidieron dar un paseo por el barrio. Cuando no tienes mucha plata, las largas caminatas son el pasatiempo por excelencia. En un centro comercial al aire libre cerca de nuestra gasolinera local, mis papás se cruzaron con un afiche que nunca habían visto: era la imagen del Tío Sam señalándolos directamente. El dibujo de aquel hombre de facciones angulosas, un sombrero de copa blanco y una chaqueta de traje azul estaba llamando a mis papás. Entonces, yo todavía no lo sabía, pero mis papás y yo llevábamos más tiempo en el país del que nos permitían nuestros visados de turista y ahora estábamos indocumentados. Eso suponía un alto riesgo de ser deportados y añadía mucho estrés al día a día de las vidas laborales de mis papás. Me ocultaban todo esto para permitirme tener la vida de un niño americano normal, pero su ansiedad permeaba en todo lo que hacían. Por eso pensaron que quizá unirse al Ejército de los Estados Unidos sería la mejor forma de rectificar el problema de inmigración en el que se encontraban.

Mi mamá y mi papá se sentaron ansiosos frente a un reclutador militar. Era un oficial afroamericano alto y pulcro. En aquellos tiempos, los Estados Unidos necesitaban desesperadamente soldados para alistarse en las operaciones Escudo del Desierto y Tormenta del Desierto, y este reclutador acababa de ganarse la lotería con mis papás médicos. La mayoría de los días tenía que darse por satisfecho si una o dos personas que no habían terminado la secundaria entraban en su oficina de reclutamiento, pero aquel día tenía frente a él a dos adultos en sus mejores años, ambos médicos y ambos dispuestos a ir a la guerra por este país.

—¡Son exactamente lo que el Ejército necesita! —exclamó el reclutador mientras agarraba el teléfono y empezaba a marcar.

No tardó un minuto en llamar a su superior. Mis papás se miraron, todo estaba ocurriendo muy deprisa. Había mucha esperanza y anticipación en aquella llamada, pero ¿iban a hablar con el Servicio de Inmigración? Sin decirse nada, tuvieron claro que, si querían llegar a alguna parte aquel día, tenían que confesar. Se armaron de valor y dijeron:

—Debe usted saber que no tenemos los papeles en regla.

El reclutador asintió y dijo:

—No se preocupen, lo arreglaremos.

Mis papás se miraron y sonrieron. Por primera vez desde su llegada a este país, pudieron soltar un suspiro de alivio.

Por mucho que lo intentó, el reclutador no logró que ninguno de sus superiores firmara el alistamiento de mis papás. Su falta de papeles resultó ser una complicación mucho mayor de lo que había previsto. Ya había anochecido, pero el reclutador estaba decidido. Se negaba a dejarlos marchar e incluso se ofreció a invitarlos a cenar. Para entonces, mis papás ya lo habían puesto al corriente de todo, incluido cómo habían llegado a este país con visados de turista y se habían quedado más de la cuenta. También sabía que eran un cirujano pediátrico y una anestesióloga que vivían en los Estados Unidos sin permiso de trabajo. Sabía que harían lo que fuera para arreglar eso y que estaban dispuestos a irse a Oriente Medio a servir como médicos en el frente por este país para lograrlo. Al reclutador le pareció que no había nada que pensar. Era un trato justo: los Estados Unidos no habían tenido que invertir ni un centavo en la educación de mis papás ni en sus posteriores residencias para convertirse en doctores, pero podrían beneficiarse enteramente de sus conocimientos médicos. Pero, por mucho que lo intentara, por mucho que suplicara por teléfono, no logró que ningún supervisor firmara su alistamiento. Aquella fue la noche en que mis papás descubrieron que su situación era imposible; por muy buenas que fuesen sus intenciones, no había ninguna forma fácil de obtener su documentación y el futuro de su hijo estaba en riesgo debido a ello. Derrotado, el reclutador se disculpó, se despidió de ellos en la puerta y se sintió peor que mis papás por no haber logrado alistarlos en las Fuerzas Armadas de los Estados Unidos.

Aquella noche, mis papás llegaron a nuestro pequeño departamento sintiéndose agotados. Su preocupación por el tiempo que iban a pasar en aquel limbo migratorio les estaba pasando factura. Me encontraron sentado en el sofá viendo la televisión. Acababa de recibir mi primer beso, en este país o en cualquier otro. Mi papá abrió su cartera y vio que solo tenía cinco dólares a su nombre. Me miró y me preguntó:

—¿Quieres ir a ampm?

El despacho de Oliver Stone

De niño, era un grandísimo fan de las películas americanas, pero no me daba cuenta de que la gente se ganaba la vida con ellas hasta que cumplí nueve años y me encontré explorando la casa de Oliver Stone. Y nada de esto hubiese sido posible sin mi nuevo compañero de cuarto: mi tío Javier.

Mi tío Javier, el hermano menor de mi papá, vino a vivir con nosotros cuando se mudó a los Estados Unidos mientras vivíamos en Duarte. Esa fue, con diferencia, la época en que más feliz había visto a mi papá en mucho tiempo. Mi tío Javier era un ecuatoriano alto y musculoso de piel clara. Como mi papá, era descendiente de italianos y de asiáticos. Pero, a diferencia de mi papá, había heredado la robusta belleza de la familia. Vino a los Estados Unidos con un único objetivo: trabajar. Fue muy divertido verlo tratar de acostumbrarse al dialecto coloquial mexicano que imperaba en el entorno laboral de Los Ángeles. En su primer día de trabajo en la ciudad, se peleó a golpes con un compañero mexicano porque el tipo le dijo «Apúrate, güey» y mi tío entendió «Apúrate, buey». El compañero mexicano de mi tío terminó con un ojo morado sin motivo aparente. Todo por un malentendido cultural.

Como vivíamos en un departamento de dos dormitorios, mi tío Javier y yo nos vimos obligados a compartir uno. No me importaba. Normalmente salía a trabajar antes de mi hora de ir a la escuela. En aquella época, me encantaba la escuela porque ya había podido hacer amigos y algunos incluso vivían en el mismo bloque de departamentos que yo. Mis amigos venían después de las clases y se quedaban impresionados con los grandes músculos de mi tío. Acababa de salir del servicio militar y estaba cuadrado. Cuando empezaron a venir cada vez más niños del bloque, instintivamente me convertí en el maestro de ceremonias de un circo. No le cobraba a nadie, pero los dejaba entrar a mi casa de dos en dos para ver a mi tío. Él no entendía por qué paseaba a niños de primaria por nuestro dormitorio varias veces al día, pero yo sabía perfectamente lo que hacía. Mi tío era un espécimen impresionante y sabía que se me consideraría impresionante por asociación. Nadie tenía por qué saber que era mi «tiastro» y que no éramos de la misma sangre.

Mi tío Javier no podía creerse que yo tuviese novia. Él era el mujeriego, pero su joven y regordete compañero de cuarto era el que tenía pareja. Unos meses después de su llegada, mi tío Javier se enamoró de una peruana que visitaba a su hermana los fines de semana en nuestro mismo bloque. Me parecía comprensible. ¿Quién iba a rechazar comer lomo saltado cada día? Los peruanos no inventaron el ceviche (fue el imperio inca, del que Ecuador también formaba parte), pero sí que crearon un increíble *stir-fry* sudamericano. La peruana de la que mi tío se enamoró resultó ser la niñera de una importante figura de Hollywood. Mi tío Javier trató de decirme quién era, pero su nombre no me sonaba. Le pregunté:

—¿Estás seguro de que no es Sylvester Stallone?

Seguro de sí mismo, mi tío contestó:

—No. Se llama Oliver Stone.

No me dejaban ver películas para mayores, ¿cómo iba yo a saber quién era Oliver Stone?

Un fin de semana en que no teníamos nada que hacer, mi tío Javier nos invitó a mis papás y a mí a la casa de Oliver Stone. Oliver y su esposa de entonces se habían ido de vacaciones, así que la casa estaría vacía por si queríamos visitarla. Y por supuesto que queríamos. Mi tío había estado pasando mucho tiempo allá con su nueva novia peruana, así que me moría por ver cómo vivía la gente que trabajaba en Hollywood. Además, mantenía la esperanza de que mi tío se hubiese equivocado y que en realidad estuviéramos yendo a casa de Sylvester Stallone.

Me cuesta describir exactamente cómo era la casa de Oliver Stone en Santa Mónica. Por aquel entonces, no conocía expresiones como «estilo colonial» o «rancho californiano». Sólo sabía que la casa de Oliver Stone era la más impresionante que había visto en mi vida. Era enorme y lujosa. Hasta entonces, la mejor casa que había conocido era la de mi abuelo en Guayaquil, pero incluso esa se veía modesta en comparación a esta.

Conocí a Sean, el hijo de seis años de Oliver Stone, tres años menor que yo. No fui muy amigable con él porque estaba celoso de que tuviese una casa más grande que la mía. Pero Sean fue muy hospitalario y me preguntó si quería jugar al básquet. Le dije que sí, pero no antes de que mi tío me apartara y me pidiera por favor que lo dejara ganar. Asentí, fingiendo que lo haría, pero, inmediatamente después, procedí a aplastarlo. Éramos niños y tenía que mostrarle a Sean quién mandaba ahí. Le di tan duro que se quejó de mí a la novia peruana de mi tío. Tras meter todos esos tiros en suspensión, no me dejaron jugar más al básquet con Sean.

Le pedí perdón a Sean por destrozarlo al básquet y volvimos a ser amigos. Me dio una visita guiada por su casa y me mostró lugares donde podíamos jugar y otros donde los niños no podían entrar. Se paseaba con una confianza en sí mismo y un privilegio que harían pensar que había pagado toda la casa de su propio bolsillo. En la pared, vi que Sean había enmarcado el cheque de un largometraje en el que había actuado hacía poco. Era el pago por una película llamada *Nacido el cuatro de julio*. No recuerdo por cuánto era, pero, por aquel entonces, cualquier cifra por encima de los veinte pavos me parecía altísima. Sean era más joven que yo y ya le habían pagado por trabajar. Durante un segundo, hubiese podido jurar que el inmigrante era él y no yo.

Cuando por fin todo el mundo se fue a dormir, salí sigilosamente de la cama que me habían asignado y empecé a husmear por la casa. No quería robar nada, era sólo que Sean había dicho que había cuartos en los que no podíamos entrar, así que, por supuesto, tenía que entrar en ellos. Uno de esos cuartos parecía, a primera vista, un armario, pero en realidad eran unas escaleras que llevaban a un despacho oculto en una planta inferior. Bajé con cuidado aquellos oscuros escalones, prendí las luces y me di de bruces con hileras e hileras de archivadores. Era evidente que Oliver Stone tenía una imaginación salvaje y curiosa, porque todos los archivadores trataban el mismo tema: JFK. Me convencí de que, si algún día descubría que había estado fisgando en su lugar de trabajo, lo entendería. Estaba seguro de que él haría lo mismo si la situación fuera al revés. Lo que más me impresionó de la sala fue todo el papeleo y las cintas de VHS con notas escritas a mano desperdigados por todas partes. Parecía que la locura de Oliver tenía un orden interno. Por aquel entonces, no sabía quién era JFK, así que podrás imaginarte mi impresión cuando descubrí las espantosas imágenes dentro de sus archivadores. Había varias carpetas etiquetadas con «The Doors». Tampoco sabía quiénes eran The Doors, pero me quedé hipnotizado por las fotografías de su joven y animado cantante, Jim Morrison, un exalumno de UCLA convertido en dios del *rock*. Y tampoco sabía quién era Oliver Stone, pero respetaba la cantidad de notas que había tomado. Mi maestra de cuarto grado acababa de enseñarnos a tomar notas en clase. No entendí para qué servían hasta que estuve en casa de Oliver Stone. No podía creerme que una sola persona pudiera acumular tanta información de un solo tema. Me pregunté cómo debía sentirse saber tanto de algo, estar tan apasionado por un tema para llenar archivadores y archivadores de información sobre el asunto. Sólo por el tremendo tamaño de su casa, era evidente que a la gente le gustaba el trabajo de Oliver. Aquel era el hombre responsable de la creación de los mundos que me hechizaban en la pantalla, y toda aquella investigación parecía ser sus cimientos. Y se me ocurrió que, quizá, algún día, yo también podría hacer algo así.

Recordé entonces que Sean me había dicho que el laboratorio escondido de la planta de abajo no era el verdadero despacho de Oliver Stone. El espacio de trabajo que utilizaba estaba afuera, junto a la piscina. También me dijo que no saliera al despacho de afuera, así que, por supuesto, lo hice. Me quedé anonado con el escritorio de madera nada más de verlo. Era la clase de mesa que aparecía en las películas sobre poderosos banqueros o magnates del petróleo. De nuevo, sobre el escritorio, había muchos documentos y algunos libros con una encuadernación rara (lo que, más adelante, descubriría que eran guiones). Sin embargo, lo que más me llamó la atención fueron las fotografías de guerra que tenía colgadas en la pared y enmarcadas sobre la mesa. Oliver Stone había servido en el Ejército y me pareció inspirador ver fotografías suyas con su pelotón de infantería, junto a algunas de las medallas con las que había sido condecorado tras luchar en Vietnam. Me quedé hipnotizado por una fotografía en blanco y negro junto a sus compañeros de armas. Me pregunté cuántos de aquellos hombres no habían regresado de la guerra.

Cuando terminó el fin de semana, mis papás y yo regresamos a Duarte desde Santa Mónica. A través de la ventanilla del auto, vi cómo las mansiones se convertían en casas grandes y estas, a su vez, en bloques de departamentos. La prosperidad americana parecía declinar cuanto más al este íbamos por la autopista. Entré en nuestro departamento y me di cuenta de que toda nuestra casa era casi del mismo tamaño que uno de los despachos de Oliver Stone. Tardaría años en entender lo que había hecho en mi joven e impresionable cerebro la exposición a aquel despacho de Santa Mónica. Aquel despacho me mostró un mundo de infinitas posibilidades. Un universo de curiosidad salvaje. Tenía nueve años y ya no había modo de olvidar lo que había visto en el laboratorio de aquel escritor. Quizá vivía en un pequeño departamento en Duarte, pero, en mi cabeza, ya vivía en el despacho de Oliver Stone.

«Don't Speak Spanish»

En otoño de 1999, despidieron a mi papá del centro de trastornos del sueño. Estoy seguro de que tuvo que ver con su situación migratoria. Con un sueldo menos en casa y con facturas mensuales que exigían ser pagadas a tiempo, mi papá estaba desesperado. Entonces, recibió una llamada de «El Ecuatoriano». A mi papá le sorprendió que aquel hombre lo llamara porque la última vez que lo había visto estaba siendo detenido por el FBI.

A mi papá le había llegado el rumor de que un amigo de un amigo quería contratar a tiempo completo a un especialista en informes médicos. Dado que su potencial empleador era un ecuatoriano mayor que él, mi papá pensó que aquel hombre se mostraría empático con su situación. Organizaron una entrevista a las nueve de una fresca mañana de lunes. Entusiasmado ante la idea de un nuevo empleo, mi papá llegó a aquella oficina que nunca había visto con media hora de adelanto. Estaba ubicada bastante lejos de Duarte y había llegado algo temprano, así que aprovechó la oportunidad para tanquear en la gasolinera que había justo enfrente antes de la reunión. Mientras llenaba el depósito, miró hacia el edificio donde iba a celebrarse la entrevista y vio cómo dos camionetas federales estacionaban delante. De ellas salió corriendo un grupo de hombres vestidos con chalecos del FBI. En un abrir y cerrar de ojos, todos los ocupantes del edificio, incluido el viejo ecuatoriano con el que mi papá iba a entrevistarse, fueron escoltados a las camionetas con las manos atadas con bridas a la espalda. Mi papá devolvió el surtidor a su lugar con las manos temblorosas, se subió al auto y se fue manejando lejos de ahí tratando de no llamar la atención.

Ahora, de nuevo al teléfono con él, mi papá escuchaba cómo El Ecuatoriano sostenía que todo había sido un enorme malentendido con el Gobierno estadounidense y argumentaba que la prueba era que no estaba tras las rejas. El Ecuatoriano le ofreció a mi papá un trabajo muy bien pagado a tiempo completo redactando informes médicos. Era increíblemente oportuno. Mi papá tenía sus reservas respecto a darle un voto de confianza a alguien que llevaba bridas alrededor de las muñecas la última vez que lo había visto, pero había estado aplicando en todas partes y nadie le daba una oportunidad. ¿Era porque no hablaba bien inglés? ¿Porque no tenía papeles? ¿Una combinación de ambas cosas? Mi papá sabía que no podíamos sobrevivir sólo con el salario de mi mamá en Kmart. Entonces, El Ecuatoriano mejoró la oferta: «Su esposa también es médica, ¿verdad? Puedo contratarla como nuestra fisioterapeuta». Sin otra posibilidad de encontrar un buen trabajo por ser inmigrantes indocumentados, mis papás aceptaron la oferta de El Ecuatoriano. Mi mamá dio el preaviso de su dimisión en Kmart y nos mudamos a San Clemente, California, que estaba dos horas hacia el sur. Yo no quería ir. Lloré ante la idea de perder a todos mis nuevos amigos americanos.

Parte del Campamento Base del Cuerpo de Marinas Pendleton está en San Clemente, así que mudarse ahí asustaba a mis papás. Éramos inmigrantes indocumentados mudándose voluntariamente a una ciudad militar que también tenía un puesto de control migratorio que mis papás evitaban de forma activa. La ciudad era una encantadora comunidad costera envuelta en la bandera americana. San Clemente era muy conservadora, más conservadora que mi papá. Por primera vez desde que nos fuimos de Ecuador, vivíamos rodeados de mucha gente blanca. Mis papás sonreían, eran educados y discretos. Yo los imitaba. No hablábamos a menos que se dirigieran a nosotros.

Mis abuelos vinieron a visitarnos a San Clemente. Estaba eufórico por volver a verlos. Aquel había sido el periodo más largo que había pasado sin ellos. Mis abuelos llegaron a nuestro nuevo departamento y se mostraron muy felices por nosotros. Les gustaba nuestra nueva comunidad y les encantaba que viviéramos tan cerca de la playa. En Ecuador, nos enforzábamos por ir a la playa al menos una vez al mes, así que esto les recordaba a nuestro hogar.

Una cosa que había cambiado desde nuestro tiempo en Ecuador era que mi abuela chirriaba al andar. Era extraño. No hacía ningún ruido cuando estaba sentada, pero chirriaba cada vez que se levantaba y caminaba. Curioso, le pregunté qué era aquel ruido. Se llevó el dedo índice a los labios y me reveló que llevaba la barriga envuelta en papel film. Esto es uno de los muchos trucos que aprendí de mi abuela: las mejores fajas se hacen con papel film. La había extrañado.

Mis abuelos sólo pasaron el verano con nosotros. Con la llegada del otoño, llegó también el momento de inscribirme en mi nueva escuela. Iba a empezar quinto grado. En mi primer día en Truman Benedict Elementary, mi rubia y alta maestra, la señorita Lovemark, me pidió que me levantara y deletreara la palabra «*army*» frente a toda la clase. Como buen inmigrante, me paré y dije:

—Armí: *A-R-M-I*. Armí.

Mis nuevos compañeros me dirigieron una mirada asesina. Al parecer, *army* era una de las palabras que no estaba permitido escribir mal en San Clemente. Mis compañeros llevaban diciendo aquella palabra desde la cuna. Antes que «mami» o «papi», estaba *army*. La clase me miró durante un momento que se me hizo insoportablemente largo y después rompió a reír.

Estuve sentado solo durante el recreo. No sabía cómo iba a lograr encajar en Truman Benedict. En Walnut, tenía a mi primo Choli y, en Duarte, a mis amigos inmigrantes. No tenía a nadie en San Clemente. Aquello no iba a ser fácil. A la hora de comer, vi a un grupo de niños de mi clase que jugaban juntos al sóftbol. Gracias a mi primo Raúl, tenía un buen lanzamiento, así que pensé que sería la forma perfecta de hacer amigos. Escribí mi nombre en la lista que colgaba de la verja del *dugout*. «Rafael» sonaba muy extranjero comparado con todos los Johnny, Billy y Nathan de esa lista. Antes de que pudiera soltar el portapapeles, una pelota roja de balón prisionero rodó hasta mis pies. Levanté la mirada y vi a Brooke venir hacia mí.

Brooke era una chica blanca de quinto grado con largos y sedosos cabellos castaños. El marrón de su cabello la hacía destacar en una escuela compuesta predominantemente por Lannister.

—Hola —me dijo suavemente Brooke.

—Mmm... Voy a apuntarme a sóftbol —balbuceé.

Brooke sonrió y me preguntó:

—¿Puedes devolverme la pelota?

Agarré la pelota roja de balón prisionero y la coloqué cuidadosamente entre las manos extendidas de Brooke, con la esperanza de impresionarla con el mero gesto de agacharme.

—Gracias. —Entonces, Brooke miró la camiseta azul de Mickey Mouse que llevaba puesta—. Me gusta tu camiseta —dijo con una risita antes de salir corriendo a jugar con sus amigas.

Desde entonces, no volví a quitarme aquella camiseta azul de Mickey Mouse.

Unas semanas más tarde, debido a algún milagroso designio del destino, la señorita Lovemark me juntó con Brooke en clase. No me lo podía creer. La chica más linda de la escuela se había convertido en mi compañera de tarea. Estaba nervioso. Hasta entonces, lo único que le había dicho a Brooke era: «Mmm... Voy a apuntarme a sóftbol». Desearía haberme puesto papel film alrededor de la panza para parecer más flaco. Desearía haberme peinado o haberme quitado la uniceja que llevaba entonces. Brooke se sentó a mi lado.

—Me gusta tu camiseta. Mickey es *cool*.

Le dediqué una sonrisa nerviosa para que viera que la estaba escuchando.

Para tratar de enseñarnos cómo funcionan los cromosomas,

la señorita Lovemark fue por la clase repartiendo trozos blancos de papel con un círculo dibujado en el centro. Les pidió a las parejas —en este caso, a Brooke y a mí— que determinaran qué características físicas heredaría nuestro bebé imaginario (véase, el círculo en el centro del papel). Has oído bien: ¡Brooke y yo íbamos a tener un bebé! El ejercicio consistía en decir cuáles eran los rasgos familiares más comunes entre los dos y en llegar a un consenso sobre la apariencia del rostro de nuestro hijo. El problema era que yo estaba demasiado nervioso para hablar. Mis papás siempre se mostraban incómodos frente a figuras de autoridad blancas y, desafortunadamente, yo había heredado ese rasgo. Empecé a transpirar. Hacer bebés me estaba haciendo sentir náuseas. Por aquel entonces, apenas había empezado a explorar mi propio cuerpo. Todo parecía demasiado repentino.

Brooke tomó la iniciativa y me hizo todas las preguntas:

—¿Tu familia tiene normalmente los ojos marrones o azules?

Yo me limitaba a contestar «sí» o «no» a todo. Brooke tenía el cabello castaño y yo lo tenía negro, así que el de nuestro hijo sería naturalmente más oscuro. Brooke tenía los ojos cafés igual que yo, así que utilizamos el lápiz marrón. Cuanto más dibujábamos y coloreábamos, más empezaba a parecerse nuestro hijo a un ser humano. Brooke quería un niño, así que por Dios que íbamos a tener un niño. Supuse que así funcionaba en la vida real: las mujeres sencillamente conseguían lo que querían. Desde el punto de vista histórico, estaba ignorantemente mal informado. Nuestro hijo tenía la mayoría de las características faciales de Brooke, lo que a mí me parecía bien. Me gustaba la idea de poder decir: «Ha salido a su madre». Eché un vistazo al resto de los dibujos de la clase, y cada niño dibujado era más claro que el anterior. Los ojos azules y el cabello rubio eran la norma para este proyecto. Tanto que la señorita Lovemark tuvo que traer más lápices azules y amarillos. A Brooke y a mí nos bastaban nuestros simples lápices marrones. Es cierto que mirarían raro a nuestro hijo y probablemente no sabría deletrear *army*, pero daba igual. Era nuestro y lo amaríamos incondicionalmente cualquiera fuera su aspecto. Incluso hice una nota mental de hablarle a nuestro hijo de Peter Pan tan pronto como fuera posible.

Brooke soltó el lápiz y sostuvo orgullosa nuestro recién dibujado por primera vez. Esto no era del todo el milagro de la vida que había imaginado, pero se le parecía. Nuestro hijo se veía hermoso, igual que Brooke. Y yo era un papá orgulloso. ¿Quién iba a decir que se me daría tan bien hacer bebés? Aunque es cierto que soy latinoamericano, así que intuía que lo haría.

—Ay, espera un momento —dijo Brooke mientras dejaba caer a nuestro niño de vuelta a la mesa y agarraba el lápiz azul.

Desanimado, desvié la mirada. Debí haberme imaginado que era demasiado bueno para ser cierto. ¿Por qué no iba a querer Brooke que su hijo tuviera los ojos azules igual que los del resto de la clase? ¿Y por qué iba a querer tener un hijo conmigo? Según todos los medios en inglés que consumía por aquel entonces, Brooke parecía muy por encima de mí en la escala evolutiva. ¿Iba siquiera a poder pagar la manutención del niño? Esa era una pregunta seria que no había tenido en cuenta antes de empezar a dibujar. Por cosas como esta hay que usar siempre protección. Brooke dejó el lápiz azul y volvió a sostener el dibujo. Me sorprendió ver que ahora nuestro hijo tenía un Mickey Mouse azul en el pecho.

—¿Me lo puedo quedar? —preguntó Brooke.

Asentí, feliz de verla feliz.

Aquel día, después de la escuela, me decidí a confesar mi amor por Brooke de una vez por todas. Las estrellas se habían alineado para que dibujáramos a nuestro hijo en el mundo. Anduve hasta el frente de la escuela donde los niños que no tenían que ir en autobús como yo se juntaban a esperar a sus padres. Busqué a Brooke con la mirada. Finalmente, descubrí su sedoso cabello castaño junto al bordillo. Me tragué mi inseguridad y me acerqué a ella.

—Hola.

—Ay, hola.

—Mmm... tenemos un hijo juntos.

—Sí, y es muy guapo. —Brooke sacó a nuestro hijo de su carpeta y preguntó—: ¿Qué nombre le ponemos?

—Eh, no sé. —Miré la marquesina de la escuela tras de mí y dije—: ¿Qué tal Truman?

—No, no me gusta el nombre. ¿Y Rafael? Es un nombre bonito.

Me quedé sin palabras. A Brooke le gustaba mi nombre. No quería un Timmy, un Ricky o un Nathan... ¡quería un Rafael! Eso significaba que veía más allá de mis defectos étnicos. ¿Estaría tan enamorada de mí como lo estaba yo de ella? Como un buen chico latino, ya estaba listo para traerlos a ella y a nuestro dibujo a vivir al departamento de mis papás. En ese preciso momento, una voz severa cortó el aire:

—¡Brooke!

Brooke y yo nos volteamos para ver a un hombre blanco y musculoso con el corte de pelo de la marina. Era el padre de Brooke. La inseguridad regresó a mi cuerpo. Brooke me miró y dijo:

—Nos vemos mañana.

Fue hasta donde estaba su papá, le dio un beso en la mejilla, le entregó a nuestro recién dibujado y se subió al *pick-up* rojo mientras él estudiaba a su nuevo nieto. Levantó la cabeza y entornó los ojos en mi dirección. No parecía aprobar mi potencial unión con su hija. Si «¡fuera de mi propiedad!» tuviera una cara, sería sin duda la del papá de Brooke. Me estudió durante un instante y después rodeó su Dodge Ram, se subió a la camioneta y se fue con Brooke. Aquella fue la primera vez que recuerdo sentirme indigno de algo. En este caso en concreto, del afecto de Brooke.

Aunque no estuviera haciendo amigos en mi nueva escuela, al menos estrechaba lazos con mis papás. Me convertí en el traductor oficial de nuestro hogar. Cualquier llamada telefónica, reunión con los profesores o conversación con nuestro casero me incluía a mí como portavoz oficial de mis papás en inglés. Debió parecerles humillante que su hijo de diez años tuviese que traducir para ellos, aunque tratamos de aprovechar al máximo aquella situación incómoda. Pero nunca fue tan incómodo hacer de intérprete como con el sórdido vendedor de enciclopedias a domicilio. Antes de la Wikipedia, había una cosa llamada enciclopedia (o Wikipedia física, si lo prefieres) y ninguna era más famosa que la *Enciclopedia Británica*. Un día, el vendedor llamó a la puerta de nuestro departamento y me pidieron que tradujera mientras trataba de convencer a mi papá de comprar una colección completa de enciclopedias... ¡por mi bien! En otras palabras, estaba traduciendo para este desconocido que trataba de arruinarme la vida. Si había libros en español en el departamento, era para que los leyeran mis papás, pero los libros en inglés tendría que leerlos YO. No quería que mi papá comprara la *Enciclopedia Británica*, pero tampoco quería traducir mal la conversación porque sabía que me metería en problemas. Tras una insufrible hora de traducción, mi papá terminó por ceder. Le compró a aquel hombre la colección completa de enciclopedias. Y se arrepintió de la decisión de pagar por ellas tan pronto como el vendedor a domicilio se marchó con su plata. Pero, en lugar de donar las enciclopedias a una escuela local o a una ONG, mi papá se consoló obligándome a leerlas. Decidió hacerme escribir informes de lectura que aseguraba leer después del trabajo, pero nunca lo hacía, cosa que descubrí tras varias semanas de escribirlos. Así que, sin que mi papá lo supiera, empecé a reciclarlos. Y aquella fue nuestra rutina hasta que, por fin, dejó de pedirme que escribiera los malditos informes. Así fue como se convenció de que había amortizado su inversión. Conozco muchísimos datos inútiles de la historia americana gracias a la *Enciclopedia Británica*, incluyendo el hecho de que Alexander Hamilton estaba profundamente en contra de la inmigración. Qué bien que no tenemos un musical entero celebrando su vida. ¡Es broma! Lin-Manuel Miranda es un maldito genio. ¿Que cómo lo sé? ¡Porque probablemente se crio con la *Enciclopedia Británica* en casa!

Una cálida mañana de domingo, mi papá decidió llevarnos a mi mamá y a mí a dar un paseo por la playa. Vivíamos al lado, pero casi nunca íbamos. Estábamos andando por la acera, disfrutando del romper de las olas en la orilla, cuando un hombre nos apartó de un codazo mientras corría desesperado. Llevaba unos *jeans* sucios y una gastada camisa de franela, la indumentaria típica de los hombres que trabajaban en los jardines de las extravagantes casas junto a la costa de San Clemente. Dos hombres con chaquetas de aspecto oficial pasaron a toda velocidad junto a nosotros y abatieron al hombre que huía. Confuso, miré a mi papá y le pregunté:

—Papi, ¿qué está pasando?

Con miedo en la mirada, mi papá se volteó hacia mí y susurró enfadado:

—*Don't speak Spanish!*

Me quedé mudo.

El hombre que huía dejó de resistirse en cuanto lo atraparon. Ya conocía su destino cuando lo acompañaron a la parte trasera de una camioneta cercana. Yo, sin embargo, no sabía qué iban a hacer con él. Pero me daba demasiado miedo preguntar después de que me prohibieran hablar en español, especialmente cuando mi mamá me explicó que lo que acabábamos de ver era una redada de inmigración.

Cuando regresamos a casa aquella tarde, no hablamos inmediatamente del incidente de la playa. Seguimos con nuestro día como si no hubiese pasado nada fuera de lo común. Mi mamá me preguntó:

—¿Qué quieres para comer?

—*I don't know, I'll eat whatever* —respondí.

Sonrió y me dijo en español que me haría pollo. Después, por la noche, fui con mi papá al videoclub y me preguntó:

—¿Qué película quieres ver?

—*Can we please rent* Terminator 2? —le contesté.

Mi papá asintió y dijo en español que ningún problema. Más tarde, en casa, vimos al joven John Connor enseñar al *terminator* a decir expresiones en español, como: «Hasta la vista, *baby*». Era irónico porque, de aquel día en adelante y hasta la mitad de la secundaria, dejé de hablar en español. Mis papás me hablaban en español, pero yo les contestaba en inglés. Seguí haciéndoles de traductor, pero incluso aquella tarea desapareció poco después. Cuando mi papá me dijo que no hablara en español frente a los agentes de inmigración, entendí que se refería a que no lo hiciera en aquel momento. Pero, al mismo tiempo, su mirada de puro terror me resultó tan perturbadora que internalicé la orden y me negué a hablar en español con nadie —incluso con mi familia— durante años. Aquel era un hombre al que había visto salvar la vida de un niño. Era lo más parecido a un super-héroe que había conocido. Que algo le provocara semejante horror bastó para que reconsiderara cómo interactuaba con el mundo. Tras el incidente de la playa, dejé de sentirme seguro cuando hablaba en español.

Alumno del mes

Mis papás trabajaban de lunes a viernes, incluidos los feriados federales. Si había algún día que no tenía escuela, acompañaba a mi mamá al trabajo. Ella les hacía fisioterapia a sus pacientes mientras yo miraba la televisión en la sala de descanso de los empleados. Antes de los servicios de *streaming* y de la televisión por cable, la programación diurna entre semana era terrible. Zapeaba entre cinco canales distintos y muchos programas de juicios antes de encontrar alguno que al menos emitiera reposiciones. Cuando vi por primera vez a Ricky Ricardo en *Yo amo a Lucy*, me voló la cabeza. ¡Sus furiosas diatribas en español sonaban igual que las de mi papá! No tenía ni idea de que los hogares americanos sonaban igual que el mío. Fue algo así como: ¡Ah! *Siempre ha habido latinos en este país.* Por supuesto, lo triste es que *Yo amo a Lucy* fue lo único que tuvo la comunidad latina en Hollywood durante mucho tiempo.

El Ecuatoriano que llevaba la empresa de informes médicos que empleaba a mis papás hizo un pacto con mi papá y le prometió que no participaría en negocios turbios mientras trabajaran para él. Pero fue sólo cuestión de tiempo antes de que volviera a las andadas. Por mucho que mi papá tratara de convencerse de lo contrario, el FBI había hecho la primera redada en las oficinas de El Ecuatoriano por algo. Una mañana, revisando unos informes, se dio cuenta de que su jefe estaba cometiendo fraude al seguro. Se enfrentó al viejo, pero El Ecuatoriano lo sorprendió amenazándolos a él y a mi mamá con su situación migratoria. Durante todo el tiempo que habían trabajado para él, nunca había mencionado el hecho de que estuvieran indocumentados; se había estado guardando aquella carta. Ahora veían que El Ecuatoriano había planeado chantajearlos con eso desde el principio. La tensión entre mis papás y los otros tres familiares que El Ecuatoriano tenía empleados fue incrementando hasta llegar al punto de ebullición. Un día, El Ecuatoriano empezó a gritarle a mi mamá sin motivo aparente. A mi mamá no le había gritado un hombre en la vida, excepto quizá mi abuelo, por supuesto, así que se quedó paralizada de la impresión. Al escuchar la conmoción, mi papá bajó corriendo las escaleras, estampó a El Ecuatoriano contra la pared y amenazó con partirle la boca si volvía a gritarle a su mujer. El Ecuatoriano los despidió en el acto. Les dio igual porque ya habían decidido que tenían que irse de ahí. El FBI hizo otra redada más tarde el mismo año. Mis papás, por supuesto, no me contaron nada de esto, lo que me permitió tener una experiencia totalmente distinta a la suya. Una en la que estaba molesto por estar mudándome constantemente, en lugar de sentirme poseído por el terror de casi haber sido detenido por el Gobierno federal.

Mi papá vivía según el lema de que en este país había que

tener siempre dos empleos, así que para cuando dejó la industria de los informes médicos, ya había empezado a trabajar haciendo imágenes por resonancia magnética (IRM). Había conocido a un alegre empresario chino impresionado por que mi papá fuese médico en otro país. El chino también era médico y respondía al alucinante nombre de doctor Ninja. Se rumoreaba que el doctor Ninja había sido adiestrado en las oscuras artes marciales del ninjutsu. Es posible que él mismo difundiera aquel rumor, dado que la matrícula de su nuevo Ferrari rezaba: DR NINJA. Por otro lado, tratemos de ignorar el hecho de que los ninjas son japoneses y no chinos. Lo importante era que el doctor Ninja era también inmigrante y que le dio a mi papá su primer trabajo haciendo IRM.

Cuando El Ecuatoriano despidió a mis papás, mi papá acudió al doctor Ninja y le preguntó si tenía algún puesto a tiempo completo para él y su esposa. Su negocio de IRM estaba en auge en Thousand Oaks, California, así que aceptó contratar a mi papá a tiempo completo. Su centro médico también necesitaba un nuevo fisioterapeuta y mi mamá era la candidata perfecta. Y, además de todo eso, el doctor Ninja también disponía de un departamento de dos dormitorios en un bloque del que era propietario. Para él era perfecto emplear a mis papás a tiempo completo y que tuvieran que utilizar sus salarios para pagarle el alquiler. Cerraron el trato y nos mudamos a Thousand Oaks.

Thousand Oaks estaba en el condado de Ventura, situado justo a medio camino entre Santa Barbara y Los Ángeles. Yendo en el auto por Thousand Oaks, me di cuenta de que la población era todavía más blanca que en San Clemente, si acaso era aquello posible. Eso me hizo sentir algo incómodo. Era un lugar verdaderamente hermoso para vivir, a no ser, por supuesto, que te importara la diversidad. Cuando de niño en Ecuador me preguntaba cómo sería América, esta ciudad conservadora era exactamente lo que imaginaba. Sería negligente no mencionar que Thousand Oaks es una de las muchas ciudades de California fundadas debido a la fuga blanca (el fenómeno que ocurrió cuando las personas blancas se llevaron su riqueza de las ciudades metropolitanas donde se habían instalado demasiados residentes negros y de otras minorías) y a las líneas rojas (políticas de la Administración Federal de Vivienda que animaban a las inmobiliarias a concentrar a la gente de color lejos de los propietarios blancos). Pero, a pesar de la historia de ese lugar, mis papás y yo llegamos para recordarles que, por mucho que quisieran, no podían huir de nosotros.

Aspen Elementary era fantástica. Estaba bien financiada y sus maestros eran muy atentos. La mayor sorpresa fue en mi primer día, cuando dos de mis nuevos compañeros me preguntaron de dónde era. Debía haberme traicionado mi ropa, porque me había deshecho de todo mi acento en San Clemente. Les contesté que de Ecuador. Una de las niñas se emocionó de inmediato:

—¡Yo estuve ahí! Fui a Quito y a Guayaquil con mis papás hace dos años. Es hermoso.

Aquella fue la primera vez que conocí a alguien en la escuela pública, que no fuera mi primo, que supiera dónde estaba Ecuador, por no hablar de haberlo visitado. La mayoría de los estudiantes del sur de California asumía que Ecuador no era más que un estado de México. Así fue como supe que en Thousand Oaks trataría con una clase distinta de gente blanca. Los alumnos de esta escuela eran cultos y habían viajado. No eran sólo gente blanca. Eran gente blanca rica.

Me inscribí en la liga local de fútbol y me alegró descubrir que algunos de mis compañeros de clase también estaban en el equipo al que me habían asignado. Nos hicimos amigos y nuestra amistad se trasladó a las aulas. Uno de los niños era Nate, un pelirrojo bajo y con gafas que parecía el modelo para Dexter de *El laboratorio de Dexter*. Nate me caía bien, pero siempre hacía comentarios desagradables sobre el auto de mi mamá, que no era ni de lejos tan lujoso como el Lexus de la suya. En cualquier caso, por primera vez en mucho tiempo tenía amigos en la escuela y eso era todo lo que me importaba. A partir de entonces, empezó a irme bien como estudiante. Sólo llevaba ahí unos pocos meses, pero Aspen Elementary ya era la mejor experiencia escolar que había tenido nunca.

Una tarde después del entrenamiento de fútbol, me subí al auto y le pregunté a mi mamá si podíamos ir a McDonald's. Mi mamá me dijo que sí, pero que primero debía decirme algo.

—Tenemos que volver a mudarnos —me dijo apenada.

—¡Pero si acabamos de llegar! —supliqué con la esperanza de que mi lloriqueo la hiciera cambiar de opinión.

—Lo siento, mi amor. No podemos hacer otra cosa. Tu papá y yo perdimos nuestros trabajos.

Estaba disgustado. Mi pobre mamá se sentía muy mal, pero ¿qué podía hacer? Ser inmigrantes en este país no era fácil y para ellos era muy complicado encontrar trabajos que pagaran bien. Yo, por mi parte, odiaba no tener tiempo de hacer amigos de verdad donde fuera que viviéramos. Aquella noche, mientras cenábamos, me di cuenta de que mi papá no quería hablar de nada. Su melancolía bastó para que entendiera que era hora de hacer las maletas.

Uno de mis últimos días en Aspen Elementary, cuando sólo llevaba ahí tres meses, nos reunieron a todos en una asamblea escolar. Nos sentamos en el piso mientras el director hacía anuncios importantes. Información que, asumía, a mí no me interesaba porque me iba. Uno de esos anuncios fue sobre el Alumno del Mes. Asombrosamente, el director declaró:

—Nos enorgullece anunciar que el primer premio de Alumno del Mes es para... Rafael.

Me sorprendió escuchar mi nombre. De hecho, me asustó un poco. Hacía mucho tiempo desde la última vez que me habían dado un reconocimiento por algo. En Ecuador, me pedían a menudo que diera discursos como delegado de clase, pero eso no había pasado en los Estados Unidos. En todas mis otras escuelas había sentido que me quedaba atrás. Primero, fue por no hablar inglés. Luego, por no tener amigos; aunque, en realidad, era por falta de estabilidad. Nos mudábamos tanto que no me daba tiempo de ponerme al día en la mayoría de los entornos educativos. Siempre era el niño nuevo en un rincón al que nadie veía. Era difícil sentirme involucrado. En general, las calificaciones me habían ido bastante bien, pero solo en Thousand Oaks había recuperado de verdad el ritmo. La gente me prestaba atención, había hecho amigos y mis profesores estaban atentos. Se vive de otra forma en una escuela bien financiada.

Todos los alumnos me aplaudieron. Caminé hasta el frente de la sala, recogí mi certificado, miré a la audiencia y me sorprendió descubrir a mis papás. Al parecer, la escuela los había llamado para informarles que iban a darme el premio y que pudieran asistir. Después de la ceremonia, corrí hacia mis papás, feliz de verlos. Nate, mi amigo blanco del fútbol, se me acercó y dijo:

—Sólo has ganado porque te vas.

Su comentario me tomó desprevenido. Quizá tenía razón. Todo aquello podría haber sido un regalo de despedida muy considerado de Aspen Elementary, pero ¿por qué había sentido Nate la necesidad de decírmelo? Lo que me molestó no fue la posibilidad de que lo que me había dicho Nate fuera verdad. Era el tono arrogante con que lo había dicho, casi como si estuviera seguro de que el premio sería suyo si yo no me estuviera yendo. Quizá no me merecía el premio al Alumno del Mes, pero ¿por qué asumía Nate que le correspondía a él?

Desempleados, mis papás no tuvieron más remedio que aceptar la oferta de un viejo amigo de mudarnos con él y su familia. Me resultaba evidente que eso no había sido fácil para ellos. Se los veía más decaídos que en mudanzas anteriores. Como mis papás, los Espinoza también eran médicos ecuatorianos —motivo por el que se habían conocido—, así que entendían lo que era pasar de ser profesionales sanitarios en Sudamérica a aceptar cualquier trabajo para sobrevivir en los Estados Unidos. Por supuesto, los Espinoza tenían tres hijos, todos más o menos de mi edad. Como cuando viví en casa de mi tía Teresa, me permitieron dormir en la casa con los niños.

Mis papás, sin embargo, invirtieron algo de dinero en la construcción de un cuarto anexo a la casa en el que, posteriormente, se instalaron. Los Espinoza no nos cobraban ningún alquiler. Todo lo que tuvieron que hacer mis papás fue ocuparse de comprar comida para todos nosotros. Aquello parecía una gran oferta para dos inmigrantes desempleados.

Panorama City no era como Thousand Oaks. Las calles no estaban limpias. Había más delincuencia. A los padres no les parecía seguro dejar salir a sus hijos a partir de cierta hora. Había mucha más polución que en Thousand Oaks y mucha más contaminación acústica. Me parecían día y noche.

Estaba algo deprimido por la mudanza. Hasta entonces, siempre nos habíamos mudado a otro bloque de departamentos, pero esta vez habíamos tenido que irnos con otra familia. Una familia a la que apenas conocía. Nuestro primer sábado con los Espinoza, en un intento de animarme, mi mamá me sorprendió diciendo:

—Ponte el uniforme de fútbol. ¡Nos vamos a tu partido!

Me emocioné muchísimo. Había renunciado a la idea de jugar más partidos de fútbol. Thousand Oaks estaba tan lejos que supuse que nunca regresaríamos. Me apresuré en ponerme el *short* y mis zapatos deportivos, me subí al auto de mi mamá y salimos a la carretera. Mi mamá manejó hora y media por la autopista, desde Panorama City hasta el condado de Ventura, y cantó con Paula Abdul todo el trayecto. Cuando llegamos a la cancha, nos impactó ver que estaba completamente vacía.

—¿Qué pasó? —se preguntó mi mamá.

Uno de los trabajadores de la cancha se acercó al auto y

nos dijo que habíamos llegado cuatro horas tarde al partido. Mi mamá miró su calendario, derrotada, sintiendo que ni eso podía hacer bien.

—No te preocupes, mami —le dije—. Vamos a comer a McDonald's y subamos el volumen a Paula Abdul.

Mi mamá sonrió y ambos volvimos a salir a la carretera. Me perdí muchísimos partidos de fútbol aquel año, pero no me importó porque pude pasar la mayoría de los fines de semana en el auto con mi mejor amiga cantando «*Straight Up Now Tell Me*».

Me inscribieron para continuar con sexto grado en Panorama City Elementary, donde me acompañaban mis tres nuevos compañeros de cuarto: Andrés, Paco y David. Todos nos llevábamos bien, pero siempre me sentí como el diferente debido a su profundo amor fraternal. Los maestros y el personal de Panorama City Elementary me caían bien, pero se veía que tenían demasiado trabajo. Las aulas estaban repletas y no parecía haber suficientes consejeros para los alumnos. Mi nuevo maestro era un hombre blanco que se estaba quedando calvo y llevaba gafas bifocales, pero que, aun así, parecía mantenerse en buen estado físico. En clase también había un niño grande e intimidante que destacaba entre todos nosotros. Andrés, que estaba en mi clase, y yo nunca hablamos con él. De hecho, todos los niños evitaban el contacto visual por miedo a provocarlo. Una tensa mañana, cuando el maestro nos pidió que leyéramos en voz alta de nuestros libros de texto, el niño intimidante se negó. El maestro insistió, lo que detonó un berrinche. El niño se levantó y tiró su pupitre para

desafiarlo. Le gritó groserías al maestro y empezó a agitar violentamente los brazos. Me quedó clarísimo que ya no estaba en
Thousand Oaks. El maestro corrió hacia él y sujetó físicamente al pobre niño, que claramente estaba pidiendo ayuda. Pero
nadie lo ayudaba; los maestros se limitaban a sujetarlo. Era una
situación terrible, la miraras por donde la miraras.

Al menos el recreo y la hora de comer eran divertidos.
Andrés, Paco, David y yo nos juntábamos en las barras para
jugar. Todo iba bien hasta que escuchamos el estruendo de disparos en el parque infantil. El director nos gritó que nos aga-
cháramos y que nos tiráramos al suelo. Todos hicimos lo que
nos mandó. Tras unos instantes, supimos que los disparos no
iban dirigidos a la escuela. Habían sido en una calle cercana.
Nos dejaron levantarnos y seguir jugando. Por desgracia, sonó
el timbre y volvimos a clase.

Cuando estaba solo en casa, veía mucha televisión americana para distraerme. Descubrí una serie llamada *Tres por
tres*, donde la casa de los protagonistas no parecía tan llena
comparada con nuestra situación inmobiliaria. También había
otra serie llamada *Todo queda en familia*, donde el protagonista era un adolescente perteneciente a una minoría que parecía más *nerd* que yo, lo que de inmediato me hizo sentir mejor
conmigo mismo. Y luego estaba *ALF*. Una comedia de situación
familiar con una premisa sencilla sobre una marioneta al5ení-
gena que vivía con una familia suburbana de clase media (los
Tanner). *ALF* significaba «*Alien Life Form*», forma de vida alien5í-
gena. Por aquel entonces, me encantaba todo lo que tuviera que
ver con las marionetas. Así que, entre mi afinidad por ellas y mi

amor por la televisión americana, *ALF* era la serie perfecta para mí. En un episodio, ALF trataba de convencer al presidente de los Estados Unidos de frenar el programa nuclear americano para que la Tierra no sufriera el mismo destino que su planeta natal, Melmac, que había explotado cuando todo el mundo había conectado su secador de pelo al mismo tiempo. Esa era la clase de humor familiar que podías esperar de *ALF*.

Una mañana cualquiera, estaba viendo tranquilamente un nuevo episodio de *ALF* cuando los Tanner recibieron una llamada inesperada del Gobierno diciéndoles que sabían que estaban dando asilo a alguien de afuera. Toda la familia se puso como loca, ¡y yo también! Ninguno de nosotros quería que las Fuerzas Especiales Alienígenas del Gobierno capturaran a ALF. Los Tanner trataron de esconder a ALF lo mejor que pudieron, pero no sirvió de nada. El Gobierno se presentó en su casa y les dijo que sabían que estaban dando asilo a un *alien*... ilegal. *Risas enlatadas.* El Gobierno buscaba a inmigrantes ilegales («*illegal aliens*»), no a alienígenas del espacio exterior. Todo había sido un malentendido. El Gobierno estaba llevando a cabo una redada rutinaria de inmigración y ALF no tenía nada de qué preocuparse. Los agentes federales se fueron y ALF salió de su escondite. Los Tanner y ALF se rieron a carcajadas mientras la pantalla se fundía a negro con el aplauso de la audiencia.

29 de abril de 1992

Mis padres lograron encontrar empleos a tiempo completo, así que pudimos volver a alquilar un departamento. Nos despedimos de los Espinoza y de Panorama City, subimos nuestras cosas a los autos y nos fuimos a Monrovia, California, donde yo iba a empezar la escuela intermedia. Entre los extremos que eran Thousand Oaks y Panorama City, estaba listo para cualquier cosa que pudiera lanzarme la escuela pública de Monrovia.

Santa Fe Middle School no estaba tan mal como me había temido. Sí, algunos niños se desarrollaban más deprisa que otros. Se hablaba mucho de sexo en los baños y algunos chicos hasta se sacaban el pene en la parte de atrás del aula para que chicas curiosas pudieran tocarlos entre risitas. A pesar de eso, la mayoría de nosotros éramos profundamente bobos. Sólo queríamos jugar al básquet. El gran problema era que no se me daba bien el básquet. Había alcanzado mi apogeo cuando destrocé al hijo de Oliver Stone y todo fue cuesta abajo desde ahí.

Era 1992. La época de Michael Jordan y Scottie Pippen.

Muchos chicos de nuestra escuela intermedia del condado de Los Ángeles llevaban indumentaria de los Chicago Bulls. A mí eso me parecía una blasfemia. Yo era fan incondicional de los Lakers. Bueno, concretamente, era fan de Magic Johnson. Cuando mi abuelo vino a pasar unos días con nosotros en San Clemente, vimos muchos partidos de básquet juntos. Era la forma que teníamos de relacionarnos mi papá, mi abuelo y yo. El apodo de mi abuelo en Ecuador era «El Negro», pero a mi abuelo no le gustaban las personas negras. Tómate un momento para digerir eso último. Era un ecuatoriano de piel oscura al que llamaban «El Negro» y al que no le gustaban las personas negras. Mi abuelo estaba tan lleno de odio hacia sí mismo que podría haber llenado un libro entero. Pero lo menciono porque quiero que entiendas cuán impactado me quedé cuando, durante un partido en directo de los Lakers, dijo:

—Guau. Adoro a Magic Johnson.

Me dejó sin palabras. Me quedé más atónito por el comentario de mi abuelo que por el pase a ciegas de Magic Johnson en televisión. Magic Johnson cambió la visión de mi abuelo de los atletas negros y, por ende, de todas las personas negras. Ya no los criticaba ni hacía comentarios ambiguos sobre ellos cuando los veía en televisión. Los animaba con orgullo cuando jugaban los Lakers. Y para eso fue necesario el mejor base de todos los tiempos.

Todos los niños *cool* en la escuela jugaban al básquet, así que, si quería encajar en séptimo grado, tendría que aprender a jugar. Y hacerlo bien. Por suerte, nuestro nuevo bloque de departamentos tenía una canasta de básquet en el parqueadero a la que podía acceder cuando no había autos parqueados debajo.

Hacía tiros desde que volvía de las clases hasta que parqueaba el primer auto bajo la canasta. Me esforzaba y le dedicaba mucho tiempo, pero seguía siendo malísimo. No tenía a nadie que me mostrara la técnica correcta de tiro. A mi papá se le daba bien el básquet, pero tenía un nuevo trabajo en una escuela-taller formando a expresidiarios como asistentes quirúrgicos, así que nunca estaba en casa. Una vez me encontró haciendo tiros, agarró un rebote, metió un triple y se fue al trabajo sin enseñarme cómo lo había hecho.

Al día siguiente me paré a la hora del almuerzo junto a la cancha esperando que alguien me escogiera para su equipo. Quería que me quisieran, pero nadie me escogió y temí no hacer amigos en esa nueva escuela. Fue entonces cuando Rodney, un chico negro y carismático con una deslumbrante sonrisa de oreja a oreja, de quien todo el mundo quería hacerse amigo y que también resultaba ser el mejor jugador de la cancha, decidió darme una oportunidad.

—Me quedo con Rafael —dijo—. ¿Por qué no?

Rodney era tan bueno que sabía que podía ganar aunque yo lo pusiera en desventaja. Empezó el partido y me quedé en campo propio. Alguien del equipo rival le arrancó la pelota de las manos a Rodney y fueron todos al contraataque atravesando la cancha. Lo habrían logrado si no fuera porque yo estaba ahí para bloquear el tiro. Era alto para mi edad, así que me bastaba estar ahí para ser imponente en la defensa. Rodney corrió hacia atrás, agarró el rebote y lo lanzó al otro lado de la cancha, donde un compañero hizo una bandeja con facilidad. Rodney se volteó hacia mí y me dijo:

—Buen trabajo.

Sonreí sin darme cuenta de cuán inteligente había sido mi elección de centrarme en la defensa. Ningún niño quería defender porque lo único que buscaban todos era presumir en el ataque. Empecé a jugar exclusivamente a defender y Rodney siguió escogiéndome para su equipo. Así, todo el mundo empezó a aceptarme solo por ser pana de Rodney.

Un día, regresando a casa de la escuela, descubrí que Rodney vivía en un bloque de departamentos justo detrás del mío, así que empezamos a hacer juntos el camino de vuelta y también a vernos más. Rodney venía a nuestro departamento y hacíamos juntos la tarea, o veíamos la televisión e incluso escuchábamos juntos los nuevos discos de Boyz II Men y Kris Kross. Puedo decir sin temor a equivocarme que éramos amigos.

Entonces, ocurrió el 29 de abril de 1992. Nos dijeron que nos quedáramos en casa en lugar de ir a la escuela y vimos arder Los Ángeles en el noticiero.

Mi mamá y yo estábamos pegados a la televisión. Llamó a mi tío Iván para asegurarse de que estaba bien tras ver el edificio donde trabajaba en llamas. Una y otra vez, el noticiero se refería a lo que estaba ocurriendo como «unos disturbios». Tenía once años y nada de lo que veía en televisión tenía sentido para mí.

Cuando finalmente regresamos a la escuela, Rodney estaba algo distante. Seguía siendo bueno conmigo porque era así por naturaleza, pero parecía haber alguna clase de nueva barrera invisible entre los dos.

—Eh —lo saludaba yo.

Rodney hacía un gesto con la cabeza y seguía andando.

29 de abril de 1992

Nadie jugó al básquet a la hora del almuerzo durante una semana.

Al final, Rodney dejó de hacer el camino de vuelta a casa conmigo. Prefería verse con otros chicos negros. Dejó de venir a nuestro departamento. Al principio me había esforzado tanto en hacerme amigo de Rodney que, cuando por fin lo logré, creí que nada podría romper jamás nuestro vínculo. No estaba listo para que la raza fuera un factor en nuestra amistad, o en mi vida en general. Muchos de nosotros teníamos el suficiente privilegio para poder no pensar en la raza si no queríamos. Los alumnos americanos como Rodney, sin embargo, no tenían más remedio que lidiar con ella cada día sólo por el color de su piel. Gracias a todas las escuelas a las que había asistido en el sur de California, sabía que no era blanco. Pero, tras el 29 de abril de 1992, también descubrí que no era negro. Desafortunadamente, el concepto de raza en América se entiende sobre todo según un paradigma negro-blanco. Cualquier cosa fuera de esta dicotomía es ignorada. Como joven latino, yo no sabía dónde encajaba en todo esto. Nuestro sistema educativo trataba muy mal el tema de la raza. Ningún profesor de la escuela mencionó lo que había ocurrido tras el veredicto de Rodney King. Todos vimos lo que ocurrió en televisión, pero nadie habló de ello. Un puñado de estudiantes presumió de conocer a gente que «había estado allá robando cosas». Como inmigrantes, a mis papás les chocaba que la situación pudiera ponerse tan violenta en las calles de América. En parte, aquel era el motivo por el que habían abandonado la agitación de Sudamérica.

Yo era un niño inmigrante que extrañaba a su amigo. No

entendía el trauma generacional por el que debía estar pasando Rodney. Para empezar, no entendía por qué la gente negra había tomado las calles ni la historia de las políticas en las comunidades de color, o qué tenía que ver todo aquello con el asesinato de la joven Latasha Harlins antes del veredicto que absolvía a los agentes de la policía de Los Ángeles que habían empleado una violencia excesiva contra un desarmado Rodney King. Quería recuperar a mi amigo, pero en su lugar sólo encontré mucha tensión racial que nunca fue abordada. Rodney y yo dejamos de vernos. Se juntó con los chicos negros y yo, por mi parte, no tuve más remedio que juntarme con los mexicanos. Sólo nos segregamos más.

Por aquel entonces, mi papá trabajaba a tiempo completo en el Este de Los Ángeles con personas que habían tenido problemas con el sistema de justicia criminal y querían darles la vuelta a sus vidas. Trabajaba en una escuela-taller enseñando a estudiantes poco convencionales a ejercer como asistentes quirúrgicos. El trabajo era perfecto para mi papá, a quien le encantaba fingir que seguía siendo jefe de cirugía en sus salas de emergencia de mentira. El problema era que mi papá tenía un acento muy cerrado y estos expandilleros de primera generación no lo soportaban. Se ponían furiosos porque mi papá no hablara un inglés perfecto. Afectaba a su aprendizaje, lo que, a su vez, afectaba a sus perspectivas de futuro. Claramente, había una brecha en la comunicación entre ambas partes.

Un día especialmente tenso en clase, durante una lección técnica insoportablemente larga que hasta mi papá odiaba impartir, la CPAM (chola principal al mando) gritó:

—¡Cállate!

Mi papá se quedó paralizado. No sabía qué hacer. Además, nadie le grita nunca al jefe de cirugía; normalmente son ellos quienes gritan. La CPAM continuó:

—Estas lecciones son una broma. ¡Ni siquiera te entendemos!

Preocupado por que sus alumnos pudieran ponerse violentos, mi papá preguntó en su limitado inglés:

—¿Y qué sugieres que hagamos?

La CPAM se levantó, caminó hasta el frente del aula y acercó su cara a la de mi papá. Nariz con nariz. Mi papá sabía perfectamente que esta mujer curtida por las batallas de la calle podía hacerle mucho daño. La CPAM miró a mi bajo y delgado papá de pies a cabeza.

—Hagamos un trato. Tú nos enseñas cómo trabajar en la sala de emergencia y nosotros te enseñamos inglés. ¿Trato?

—Trato —dijo mi papá soltando un suspiro de alivio, sin saber que aquel sería el mejor trato que haría nunca en este país.

Con el paso de los meses, mi papá empezó a acoplarse a sus duros alumnos expandilleros. Incluso aprendió a decir «'Sup» sin parecer un bobo. Gracias a ellos, mi papá mejoraba su inglés día a día, lo que, a su vez, les facilitaba a ellos el aprendizaje. Para entonces, la CPAM estaba embarazada de ocho meses y medio. Estaba enorme. Un amargo día, mi papá llegó a casa tardísimo del trabajo. Cuando mi mamá le preguntó dónde había estado, él le contó una historia increíblemente surrealista. Esta es la única anécdota que no puedo confirmar, pero creo que es importante compartirla.

Mi papá afirmaba que estaba enseñando la diferencia entre un escalpelo y un portaguja cuando la CPAM rompió aguas en mitad de la clase. De inmediato empezó el trabajo de parto y nada iba a impedir que aquel bebé viniera al mundo. Mi papá corrió hacia la CPAM para asegurarse de que estuviera bien y, cuando le ordenó a alguien que llamara a una ambulancia, ella solo le pidió una cosa:

—Quiero que traigas tú a mi bebé al mundo.

Sin pensárselo dos veces, mi papá convirtió la clase en una sala de operaciones improvisada. Todos se reunieron a su alrededor y pusieron en práctica lo que habían aprendido durante los últimos meses. La CPAM gritó, lo que llamó la atención del exterior hacia el aula. Un cholo bajo corrió a cerrar la puerta con llave para evitar que entrara nadie. Mi papá estaba ayudando a la CPAM a pujar mientras el cholo bajo le decía a la gente de afuera que, por favor, llamara a una ambulancia. Cuando todo estuvo hecho, mi papá trajo al mundo a un bebé sano de tres kilos y medio sin ficha policial y lleno de potencial. La CPAM acunó al recién nacido entre sus amorosos brazos y le dio las gracias a mi papá, que salió por la ventana para que no lo despidieran por practicar la medicina ilegalmente. Mi mamá y yo nos quedamos sin palabras con esa historia.

Mi papá se ganó la reputación de estar «*down*», lo que, en jerga de la calle, significaba que era un bacán, uno más de la manada. Mi papá empezó a verse mucho con sus alumnos fuera de clase. Ni mi mamá ni yo conocimos nunca a ninguno de ellos, así que nunca supimos qué hacían juntos. Entonces, un día, llegó a casa pálido. Lo habían despedido como profesor de la escuela-taller. Mi mamá y yo nos quedamos en *shock*. Nos contó que le había puesto una inyección antiviral a un conserje enfermo y que la administración de la escuela lo utilizó como argumento para decir que había practicado ilegalmente la medicina. Mi papá nos dijo que, dado que no era médico en este país, lo despidieron en el acto. Era una historia bastante inverosímil. Miré a mi mamá para ver si le creía. Le creyó. Esta vez mis papás no tuvieron que decirme nada. Que mi papá perdiera el trabajo significaba que íbamos a volver a mudarnos.

«Nuthin' but a "G" Thang»

Nos mudamos a West Covina para estar más cerca de nuestra familia. Por primera vez, estaba entusiasmado por la mudanza, porque ir a West Covina significaba que volvería a estar cerca de Choli. Fue como si nunca nos hubiésemos separado. Éramos uña y carne. Pero, viviendo en la frontera entre West Covina y La Puente, Choli y yo estábamos rodeados de mucha actividad de pandillas. Nunca nos unimos a ninguna... nuestras mamás nos tenían demasiado vigilados como para hacer algo así. Pero Choli y yo tuvimos que volvernos duros en ese barrio. Los adolescentes aquejados de masculinidad tóxica y de desigualdad económica huelen el miedo, así que mi primo y yo tuvimos que deshacernos de él.

Dato curioso: Choli y yo sólo nos peleamos una vez en la vida. Fue la gran guerra Tom Hanks-Will Smith del 91. La batalla fue para decidir qué serie de televisión íbamos a ver en su casa. Tendría que haber visto venir la pasión que sentiría de adulto por las narraciones episódicas porque Choli quería ver *El príncipe del rap en Bel-Air* y yo estaba dispuesto a irme a los puños por ver repeticiones de *Amigos del alma*. ¿Te lo puedes creer? ¡Un niño gordo hispano luchando por el honor de Tom Hanks vestido de *drag*! Primero, nos peleamos por el mando a distancia. Entonces, alguien pegó el primer puñetazo. Luego, llegaron los gritos. Al final, Choli me inmovilizó en el piso, haciéndolo ganador de la pelea. Sólo que él estaba llorando y yo no, lo que, en nuestro humilde y duro barrio, significaba que habíamos empatado.

Uno de los primeros fines de semana tras mi mudanza, Choli y yo fuimos a Nogales High School. Ambos estábamos a punto de comenzar las clases en Rincon Intermediate, una escuela remitente para Nogales High que, por aquel entonces, tenía la reputación de cobijar mucha actividad de pandillas. Choli y yo sólo queríamos jugar al balonmano y Nogales High era el único lugar que tenía canchas para eso. El balonmano es un deporte muy democrático: no necesitas ningún equipo costoso ni las frondosas canchas que exigen el béisbol o el fútbol americano. Sólo hace falta una pelotita azul de balonmano. No es de extrañar que muchos presos o expresidiarios sigan jugando a este deporte. Y, si el balonmano no te parece un deporte, entonces tampoco lo es el golf.

Choli y yo no pudimos terminar el primer partido antes de que apareciera un hombre blanco que debía rondar los treinta años y se nos acercara con una pistola en la mano. Aterrados, soltamos la pelota. No sabíamos qué estaba ocurriendo. ¿Era uno de los pandilleros de Nogales de los que nos habían hablado? El hombre se identificó como un policía encubierto y nos acusó de estar ahí para robar en la escuela. Confusos, Choli y yo lo negamos. Sólo habíamos ido a jugar al balonmano. El policía encubierto no nos creyó. Dijéramos o no la verdad, solo teníamos trece años.

El agente nos encerró en un almacén a oscuras junto a las canchas de balonmano mientras investigaba las instalaciones en busca de los cómplices que aseguraba que teníamos. Estábamos asustados. No teníamos ni idea de por qué no nos creía. Estábamos seguros de que, en cuanto viera la pelota azul, nos dejaría marchar. Tras lo que pareció una eternidad en la oscuridad, por fin nos dejó salir de aquel minúsculo espacio, pero sólo para meternos en la parte de atrás de su patrulla. En este momento, se le habían unido otros dos agentes de policía blancos y los tres registraban los alrededores de la escuela en busca de nuestros cómplices imaginarios, con nosotros encerrados en el asiento trasero. Avergonzado, empecé a sentirme como si hubiésemos hecho algo malo. Es decir, ¿por qué gastarían tanta energía en dos niños si no hubiesen cometido alguna clase de delito? Una patrulla, un policía encubierto, dos agentes de otra patrulla y tres armas de fuego cargadas y listas para disparar... todo para evitar que dos niños jugaran al balonmano. Nos dejaron marchar cuando no pudieron demostrar su teoría. No se disculparon. Sencillamente abrieron la puerta de la patrulla y nos dijeron que no regresáramos durante los fines de semana.

Choli y yo empezamos el octavo grado en Rincon. Los niños ahí eran más duros que todos los que había conocido hasta entonces. Muchos de ellos eran pandilleros o estaban vinculados con las pandillas. Choli y yo no pertenecíamos a ningún grupo, pero nos aceptaron en la escuela sólo porque éramos duros, nos metíamos únicamente en nuestros asuntos, los respetábamos y no éramos sapos. Los jóvenes pandilleros se sentían seguros con Choli y conmigo. Tanto que uno de ellos, Richard, el cholo más imponente de la escuela, se me acercó discretamente una mañana y me preguntó:

—¿Quieres comprar una escopeta?

Richard hablaba en serio. A su banda le sobraba una y tenían que venderla deprisa. Durante un segundo me planteé comprarla. Por muy duro que me mostrara, siempre temí estar a un conflicto de que me ocurriera algo serio. Quizá estaría más seguro con una escopeta. Quizá la escopeta haría que me respetaran más. Pero entonces pensé: *¿De verdad un chico de trece años necesita una escopeta?* También recordé que no tenía plata para pagarla ni ningún lugar donde esconderla de mis papás si fuera lo bastante estúpido como para comprarla. Le dije a Richard que todo bien, se encogió de hombros y siguió su discurso de ventas con otro alumno.

En Rincon Intermediate, tuvimos que crecer más deprisa que otros niños más pudientes de nuestra edad. A pesar de todo, en esa escuela había muchas risas, coqueteos y cosas que hacer. Mi primer baile lento fue en Rincon, igual que la primera vez que fui miembro de la corte de una quinceañera para mi amiga salvadoreñoamericana, Nelda. Rincon no era en absoluto un lugar triste, pero nunca podíamos relajarnos.

En aquella época de nuestras vidas, cuando mi papá andaba desesperado por encontrar más trabajo, recibimos algo inesperado en el correo. Era una carta oficial de un señor americano que no conocíamos y que debió haber tenido la premonición de que mi papá la estaba pasando mal. El nombre de aquel desconocido sonaba muy adinerado. Se llamaba Ed McMahon y le escribió para notificarle que quizá acababa de ganarse un millón de dólares. Mi papá estaba en las nubes, no podía creerse su buena suerte. Era como si Dios le estuviese sonriendo por primera vez en la vida. Un millón de dólares. Mi papá podría hacer muchísimas cosas con un millón de dólares. Pagar toda la deuda que tenía. Comprarse dos autos al contado. No sabía qué hacer con tanta emoción. No nos dijo nada ni a mi mamá ni a mí y escondió aquella carta oficial de Ed McMahon debajo del colchón. Aquel fin de semana, mi tío Javier vino de visita. Entonces, mi papá se lo llevó a su dormitorio en la planta alta y cerró la puerta tras ellos. Le dijo a mi tío que iba a contarle algo que no había compartido con absolutamente nadie. Sacó la carta de debajo del colchón y dijo:

—Quizá acabo de ganarme un millón de dólares.

Mi tío Javier tomó un momento para calmarse y tratar de no perder la compostura, pero terminó rompiendo en una carajada.

—No te ganaste una mierda —le dijo—. Eso es propaganda para hacerte comprar electrodomésticos inútiles.

Mi papá se sintió tan avergonzado que no mencionó el microondas que ya había encargado para ser candidato al millón de dólares.

Por aquel entonces, yo era tan inocente como mi papá. Un día, regresando a casa de Rincon, vi que mi vecino Édgar, diez años mayor que yo, estaba escuchando mariachi en su patio. Yo sólo había oído esa clase de música en las fiestas ecuatorianas que solía organizar mi abuelo, así que, hasta entonces, había asumido que los mariachis eran de Ecuador. Así que miré a Édgar a los ojos y le pregunté inocentemente:

—Ah, ¿a ti también te gustan los mariachis ecuatorianos?

—¿Qué carajo dices? —respondió Édgar—. ¡Los mariachis son mexicanos!

No lo sabía.

A pesar de aquel comienzo poco prometedor, Édgar y yo no tardamos en hacernos amigos. Mis papás no dijeron nada sobre el hecho de que yo tuviese trece años y me viera con alguien de veintitrés. Simplemente se alegraban de que tuviese un nuevo amigo tras habernos mudado de mi antiguo barrio. Édgar era un musculoso mexicanoamericano al que le encantaba hablar de sus días de gloria en el equipo de fútbol americano de la secundaria. Era, básicamente, una versión más joven, baja y moreno de Al Bundy. Édgar era un tipo de barrio por excelencia: duro por fuera, pero un niño de buen corazón por dentro. A Édgar y a mí nos unió nuestro amor compartido por Vicente Fernández y los cómics. Cómics de los que, por cierto, no podía hablar nunca en Rincon o con mis amigos cholos porque se burlarían de mí. De mi infancia en Ecuador, conocía a todos los superhéroes clásicos de DC como Batman, Superman y la Mujer Maravilla, pero Édgar me mostró a los personajes más «científicos» de Marvel. A Hulk y sus rayos gamma. Al radioactivo Spiderman. A la unida familia de científicos conocida como los Cuatro Fantásticos. Y a los más importantes de todos para mí, a los hijos del átomo: los X-Men. Basados en Martin Luther King Jr. y Malcolm X, Charles Xavier y Magneto eran los modelos perfectos para ayudar a los niños que no eran negros a entender el movimiento por los derechos civiles. Cualquiera que se sintiera distinto o rechazado por la sociedad podía identificarse fácilmente con los mutantes. Al menos yo lo hice. Me enamoré del personaje de Wolverine, un superhéroe bajo con el pecho peludo, un ego enorme y problemas de actitud. Sin duda, ¡Wolverine era el superhéroe más latino sobre el que había leído nunca! Wolverine también tenía un problema con la bebida. Algo que yo empezaba a desarrollar entonces, pues Choli y yo insistíamos en beber alcohol en cada reunión familiar.

Mi uniforme del día a día era una chaqueta *bomber* negra y una gorra de béisbol negra de los White Sox. Dr. Dre había sacado *The Chronic* el año anterior y sólo un pionero del *gangsta rap* como él había sido capaz de hacer que le diera la espalda a Los Angeles Dodgers. Al fin y al cabo, era de Compton y ahora aquel lugar estaba lleno de inmigrantes. Dr. Dre sabía cómo eran las cosas. Me hice amigo de todas las pandillas locales en la escuela e incluso tuve una novia, o al menos una chica que decía que era mi novia a la que yo le seguí el juego. Se llamaba Jenny y era dulce y alegre. Una *cheerleader* latina en una escuela donde los chicos eran demasiado duros para hacer deporte. Nunca nos veíamos fuera de clase porque sus papás eran bastante estrictos. Hablábamos por teléfono de vez en cuando. Un día, después de la escuela, Jenny me llevó detrás del edificio de inglés y me besó. Pero aquello no fue un inocente besito en los labios como en la primaria, sino la forma francesa de demostrar afecto. Fue emocionante. Los labios de

Jenny me teletransportaron a la corte de Luis XIV. Tras aquel beso, estaba listo para los cigarrillos, las baguettes y el vino tinto. Jenny y yo rompimos poco después, pero aquel beso fue el momento más memorable de toda mi experiencia en la escuela intermedia.

Un perro llamado Monsieur

El 23 de julio de 1993, mi mamá regresó temprano del trabajo con lágrimas en los ojos. Había estado llorando en un rincón del piso del hospital hasta que su empleador había terminado por decirle que, por favor, se fuera a casa. Con los ojos llenos de lágrimas, mi mamá dijo suavemente:

—Tata ha muerto.

Mi Tata, la primera figura masculina que había tenido en la vida, ya no estaba entre nosotros. Mi mamá sollozó en mis brazos después de darme las terribles noticias. Yo estaba en *shock*. Era la primera muerte importante de mi vida. Tenía mucho que procesar. Además, por aquel entonces estaba sufriendo ataques de ansiedad en secreto. Pensaba muchísimo en la muerte. Quizá porque era hijo único y tenía demasiado tiempo libre entre manos. Pensaba demasiado en la eternidad y luego entraba en pánico ponderando la idea de no existir. Ahora entiendo que sufría de tanatofobia. La idea de saber que algún día ya no estaría en esta tierra, de que mi familia ya no estaría conmigo, era demasiado para mi joven mente. No me dejaba dormir por las noches. En ese vulnerable periodo entre el sueño y la vigilia, sentía un profundo terror pensando en cómo se sentiría no existir. La muerte de mi abuelo me obligó a prestarle atención a esa ansiedad.

La conmoción de perder a mi abuelo no fue nada comparada con lo que sufrió mi mamá. Ella siempre veía el lado positivo de las cosas: cuando se averiaba el auto, le parecía fantástico porque así podía dar un paseo y quemar las calorías del copioso almuerzo que acabábamos de comer; si nos faltaba la plata para la compra, se tomaba como un divertido reto prepararnos un festín con los pocos ingredientes que nos quedaran en la refrigeradora. Pero la muerte de su padre enfrió el fuego interior de aquella alegre mujer. Nunca había visto así a mi mamá. La muerte es algo natural, una parte de nuestra existencia humana. Como médica, ella lo sabía a la perfección. Pero vivir una muerte siendo incapaz de salir del país para enterrar a un ser querido es algo completamente distinto. Mi mamá sufría y lo único que podía traerle paz en aquel momento era regresar a Ecuador para enterrar a su padre. Pero, por desgracia, me dijo que no podía. Ese fue el momento preciso cuando entendí que no había marcha atrás.

Cuando era más pequeño, mis papás no entraban en detalle sobre por qué no podíamos salir del país. Llegué a la conclusión de que había quienes podían irse y quienes no. Y nosotros, simplemente, no podíamos. Además, nunca habíamos querido irnos. América era nuestro hogar. Pero entonces murió mi abuelo. Darme cuenta de que para eso tampoco podíamos salir del país me golpeó como un mazazo en el estómago. En aquella época le temía a morir y los problemas migratorios se sentían minúsculos comparados con el estrés de no ser, así que no le presté atención a las implicaciones de no poder regresar. No poder salir del país no era más que un hecho de la vida que había aceptado sin hacer preguntas. Además, nos mudábamos mucho por California. Estaba harto de viajar. Había pasado por siete escuelas primarias e intermedias antes de llegar a la preparatoria. No sabía por qué nos mudábamos tanto y asumía que no era más que la forma de vida americana. Desde mi punto de vista, mis papás eran como campesinos del interior que iban allá donde había trabajo. Vivimos cerca de las playas del condado de Orange y en las ciudades interiores del condado de Los Ángeles. Vivimos en Walnut, Duarte, San Clemente, Thousand Oaks, Panorama City, Monrovia y West Covina. Jugué para los La Puente Warriors e hice un voluntariado en el Huntington Memorial Hospital de Pasadena. Nunca echamos raíces en ninguna parte y me acostumbré a ello. He mantenido esa costumbre en mi vida adulta. De hecho, al terminar la secundaria viví en Westwood, Alhambra, Monterey Park, Silver Lake y Altadena. Lo más probable es que me esté mudando mientras lees este capítulo.

Era bastante frustrante poder movernos libremente por California pero que no nos estuviera permitido hacer viajes internacionales. Por muchas ganas que tuviera de estar con todos sus hermanos en Guayaquil, mi mamá no podía regresar a Ecuador. Por primera vez en la vida, me pregunté si mi mamá estaría considerando regresar para siempre; si perder a su padre le habría hecho cuestionarse el sentido de nuestro experimento americano. Al fin y al cabo, lo más importante para mi mamá era estar con su familia. No poder salir del país porque no la dejarían regresar le rompía el corazón. Más adelante, me contó que se pasó aquella noche preguntándose si había algo que pudiera hacer, si existía alguna forma de viajar a Ecuador, apoyar a su mamá, enterrar a su papá y regresar. Pero no. A los problemas de inmigración que tenía mi mamá les daba igual la pérdida de una vida. Les era indiferente una muerte en la familia. En su dolor, mi mamá supo que no había nada que pudiera hacer. Esa era la vida que había escogido. Esa era la vida que había escogido para su hijo. Ahora, como adulto, es duro saber que estaba sufriendo semejante dolor sin mi apoyo. Había tanto que no sabía, solo porque ella quería protegerme...

Al día siguiente, se celebró un gran funeral en honor a mi abuelo. Había pedido que tocara un dúo de guitarras durante su último adiós. También había insistido en que se les sirviera *whisky* a los invitados. El mismo *whisky* que se lo llevó prematuramente. Mi abuelo había sido mítico, y por eso murió un 23 de julio y fue enterrado un 24 de julio, el mismo fin de semana en que Guayaquil celebraba el 455 aniversario de su fundación. El periódico local publicó que, mientras la ciudad celebraba, unos pocos desafortunados lloraban. Decía: «Si para la mayoría estuvo presente Guayaquil de mis Amores... Para otros, acaso, hubo un Guayaquil de mis Dolores». Decir esto en cualquier otro idioma sería corromper la lírica del escritor. El periodista, por cierto, era un viejo amigo de mi abuelo e incluso se refirió a él como «El Negro Arrata» en su artículo.

Pasaron los días y nada de lo que pudiéramos hacer mi papá o yo hacía sentir mejor a mi mamá. Su fuego interior seguía débil. Entonces, una noche, desesperado, mi papá nos ordenó a mi mamá y a mí que nos subiéramos al auto. Me di cuenta de que íbamos hacia Riverside, al este, y al final llegamos a una perrera. Mi mamá se animó de inmediato. Íbamos a adoptar a un perro. A nuestro primer perro como familia. Mi mamá observó una camada de pastores alemanes. Uno cojeó hasta ella y su instinto protector y maternal se activó en cuanto vio a aquel perro tullido.

—Ese —dijo entusiasmada.

Mi papá no le permitió tener su momento y le susurró:

—No. Vamos a pagar mucha plata por un perro. Escoge a uno bueno.

Mi mamá hizo entonces contacto visual con Monsieur, que fue el pretencioso nombre francés que le puso mi papá al nuevo pastor alemán de su esposa.

Mi mamá se enamoró de Monsieur en cuanto lo vio y los dos se hicieron amigos de inmediato. Mi papá tenía razón. Un cachorro trajo nueva vida a nuestro hogar. Ahora bien, piensa que vivíamos en un departamento sin jardín. Tener un pastor alemán en una casa con moqueta no era buena idea. Además, yo no había pedido un perro, pero se esperaba que me ocupara de él. Era responsable de lavarlo, alimentarlo, pasearlo y recoger sus deposiciones. Entendería haber tenido que hacer todo eso si hubiese sido yo quien hubiese pedido al maldito perro. Pero no lo hice. Y le hubiese guardado rencor al perro si no fuera porque veía cuán feliz hacía a mi mamá.

Monsieur y yo teníamos una relación cordial. No te voy a mentir y fingir que éramos íntimos. No lo éramos. Nuestra siguiente mascota, Sasha —la labradora negra que mi mamá bautizó con el nombre de su compañera de trabajo afroamericana favorita (no te preocupes, tuvimos una larga conversación sobre racismo involuntario)— y yo sí que nos quisimos. Pero Monsieur y yo, no. Monsieur y yo nos respetábamos. Lo alimentaba y lo paseaba como correspondía, siempre y cuando no se cagara en la moqueta. Ese era el trato. Odiaba profundamente la mierda de perro, así que era importante que ambos cumpliéramos nuestra parte del trato.

Me di cuenta de que ya no le temía a la muerte durante uno de los largos paseos por el barrio con Monsieur. La idea de morir me había provocado mucha ansiedad desde pequeño, pero era porque nunca había conocido a nadie que hubiese pasado por ella. Ahora mi abuelo estaba muerto. Y sentí que, si había sido lo suficientemente valiente como para enfrentarse a la muerte, entonces yo también podría serlo. Es irónico pensar que hizo falta que mi primera figura paterna muriera para superar mi miedo a la muerte. Sin embargo, mi miedo a la mierda de perro perduró durante bastante tiempo.

Por debajo de la mesa

Tras graduarnos de Rincon Intermediate, Choli y yo ingresamos juntos en West Covina High School. En teoría deberíamos haber ido a Nogales High, pero nuestros padres temían que nos metiéramos en una pandilla, así que utilizaron la dirección de unos amigos para que nos aceptaran en West Covina, que tenía mejores resultados. Sí, rompimos unas cuantas leyes de zonificación para que nos aceptaran, pero, si los Kennedy triunfaron, en parte, gracias a sus tratos con la mafia, y los Bush, en parte, gracias a sus tratos con los nazis, entonces que nosotros diéramos direcciones falsas para ir a una secundaria mejor no parecía tan grave. Esto fue a principios de los noventa, cuando se inició la lucha por los chequeos escolares y las escuelas chárter en California. El dinero público se estaba privatizando a gran velocidad y abandonaba nuestras escuelas públicas. Mis padres descubrieron que podían utilizar una dirección falsa para que yo asistiera a una secundaria mejor gracias a unos amigos de la familia que estaba dispuesto a echarnos una mano y, sin saberlo, engañamos al sistema de la misma forma que el sistema siempre engaña a las comunidades de color.

Aquel primer año de secundaria, hice algo verdaderamente ilegal. Era 1994 y acababa de cumplir catorce años. Lo recuerdo bien porque mis papás y yo solíamos alquilar películas en un videoclub cerca de casa que se llamaba Video 94. Era uno de aquellos pequeños videoclubs que se mantenían a flote sobre todo gracias a los misteriosos videos prohibidos que había tras la cortina de una sección para adultos. Si eres demasiado joven para saber qué es un videoclub, imagínate un supermercado con pasillos y pasillos llenos de cajas de cereales con tus películas favoritas en la carátula, sólo que no puedes ver ninguna porque la caja de cereales que quieres siempre está alquilada. No entiendes el sufrimiento de no tener una sección de «para ti» en la página de inicio o de tener que leer cada caja de cereales una por una para saber siquiera qué demonios estabas alquilando, o de tener que demorarte diez minutos para rebobinar la película antes de poder verla. Si ya creciste con internet y servicios de *streaming*, no hay sitio en mi corazón para ti. No entiendes el horror de estar con las hormonas fuera de control y de no tener más compañía que el borroso porno de la televisión por cable. En 1994, la pornografía no era algo real ni para mí ni para ningún joven de mi edad. Ningún chico al que conociera sabía qué había detrás de aquellas cortinas en el videoclub, pero todos nos moríamos de ganas de descubrirlo. Hasta aquel momento, pensaba que la pornografía era lo que había visto en *The Terminator* de James Cameron, cuando Linda Hamilton y Michael Biehn hacen el amor antes del gran clímax (disculpa el doble sentido) de la película. Si insistes, te diré que Linda Hamilton y Michael Biehn inspiraron la primera masturbación de mi vida. No tenías por qué saber eso, pero me alegro de que lo sepas. Ahora puedo sentirme asqueado por ambos.

Un sábado por la mañana, mi papá me obligó a acompañarlo al centro comercial Plaza en West Covina. Nos separamos en el parqueadero. Él se fue a mirar aspiradoras para atormentarme y yo le pedí permiso para ir a Tower Records, ya que las tiendas de discos eran la forma que teníamos los adolescentes de perder el tiempo antes de la llegada de TikTok, Spotify o el TDA.

Di una vuelta por Tower Records con ganas de ver los CD recién llegados. Tower Records también tenía una pequeña sección prohibida para menores. En otras palabras, ellos también tenían una sala sólo para adultos protegida de los niños fisgones por una cortina. Por algún aciago motivo, aquella mañana la cortina estaba abierta. Me detuve en seco. ¡Carajo! La zona protegida no estaba protegida. Miré a mi alrededor para comprobar que no hubiese adultos a la vista. No los había. Estábamos solos la cortina abierta y yo. Pegué mi cuerpo adolescente a la pared y avancé furtivamente hasta la zona prohibida. Entonces, por primera vez en la vida, vi revistas que hicieron que lo de Linda Hamilton y Michael Biehn en *The Terminator* pareciera *Plaza Sésamo*. Aquello era gordo. Aquello era Skynet desencadenando un holocausto nuclear. Aquello era pornografía.

No recuerdo cuánto tiempo pasé en la zona prohibida. A aquel chico que estaba atravesando la pubertad, le pareció una eternidad. Sin duda, me creció algo de pelo en el pecho en aquella sala prohibida. Y también perdí la inocencia. Ahora sabía de dónde venían los niños. Aunque debo admitir que algunas de las posturas no parecían apropiadas para la fecundación. Tenía que salir de ahí y la revista que llevaba en la mano tenía que irse conmigo. Miré a mi alrededor una última vez y seguí sin ver a ningún empleado. Me levanté la camisa a toda prisa y escondí la fría revista en mis pantalones. Por aquel entonces, todavía era un aspirante a pandillero, así que me sobraba el espacio en mis pantalones anchos. Salí como si nada de Tower Records y el sol me golpeó en la cara. No podía creer que hubiese robado algo. Nunca había robado nada. ¡Ni siquiera un beso! Es más, no podía creer que me hubiese salido con la mía. Respiré profundamente. Aquello sería el principio de una nueva época de mi pubertad. Pero entonces escuché una voz grave tras de mí:

—¿Vas a devolver eso?

Me volteé y me encontré frente al jefe de seguridad de Tower Records, un rockero musculoso que parecía recién salido de un concierto de Metallica. No supe qué hacer. Entré en pánico, así que corrí. El guardia de seguridad gritó:

—¡Deténganlo! ¡Al ladrón!

Corrí más deprisa. Le llevaba una buena ventaja a «Master of Puppets», así que era imposible que aquel guardia de seguridad me atrapara. Entonces, de la nada, un tanque de hombre me tiró al piso placándome con el hombro. El defensa no era más que un musculoso hombre blanco cualquiera de treinta años ansioso por defender el honor del capitalismo americano. Me di de bruces contra el suelo con muchísima fuerza. El *man* me doblaba la edad y triplicaba mi tamaño. Me gustaría poder decir que estaba cabreado con aquel tipo blanco cualquiera, con ansias de castigar a las minorías que no se quedaban en su lugar, pero, en realidad, solo estaba cabreado conmigo mismo. ¿Cuán estúpido podía llegar a ser para estar cumpliendo con las expectativas de dos estereotipos? Era, al mismo tiempo, ladrón e hipersexual. Mierda. ¿Por qué tenía que ser joven, pobre y caliente?

Me llevaron a la guarida del tipo de Metallica. Era como una cueva en una película de Batman, si Batman fuera un holgazán desaliñado de clase baja. Había muros y muros de monitores y el único trabajo del guardia de seguridad era estudiarlos y esperar a que algún niño estúpido como yo tratara de romper la ley. Me había estado observando todo el tiempo en la sección para adultos. Esperé avergonzado mientras el guardia de seguridad aguardaba a que mi papá llegara a la tienda. Cuando lo hizo, lo señalé en el monitor de vigilancia.

—Ahí está. Ese es mi papá.

«Ride the Lightning» fue a buscar a mi preocupado papá y lo acompañó a esta versión para pobres de la guarida de Batman para contarle lo que había hecho. Mi papá no me miró. Ni una sola vez. Simplemente le dijo al tipo:

—Se equivoca. Mi hijo nunca haría eso.

—Estaré encantado de mostrarle las grabaciones, si usted quiere.

—No necesito ver ninguna grabación —dijo mi papá, ahora visiblemente enojado—. Mi hijo nunca haría algo semejante.

—¿Por qué no se lo pregunta usted mismo?

Mi papá se negó a mirarme. Llegado a ese punto, me sentí obligado a confesar la verdad, así que, avergonzado, dije:

—Es verdad. Traté de robar esa revista.

Pude ver cómo la sangre de mi papá empezaba a hervir.

El tipo de Metallica me tomó una foto y dijo que tenía prohibida la entrada a Tower Records para siempre. Después, le entregó a mi papá una multa de mil dólares que teníamos un mes para pagar antes de que nos denunciaran a la policía. Mi papá y yo regresamos a casa en silencio. Nunca en la vida lo había visto tan furioso. Cuando llegamos, fue a hablar con mi mamá y declaró que iba a alistarme a una escuela militar. Una cosa era que me viera como un pandillero, pero ahora estaba empezando a comportarme como uno. Mi mamá, que siempre hacía lo que mi papá mandaba, lo sorprendió contestando:

—De ninguna manera.

Mi papá se quedó atónito. Mi mamá nunca había contradicho ninguno de sus deseos. Cuando quiso mudarse a los Estados Unidos, ella lo siguió. Cuando le dijo que cambiaran de carrera, ella lo hizo. Cuando dijo que nos mudáramos a otra ciudad, ella se mudó. Pero había algo que mi papá no había tenido en cuenta: nunca se hubiese imaginado que yo fuese intocable.

Aquella noche, mis papás tuvieron una tremenda pelea y la tuvieron frente a mí para que entendiera los problemas que había causado con mis acciones. Mi papá señaló que los había puesto en un grave peligro, que no podían permitirse que Tower Records llamara a las autoridades. Yo no entendía la magnitud del peligro del que hablaba mi papá, pero no pregunté porque estaba furioso. Cuando eres un ciudadano blanco y con papeles, esto no es más que una inofensiva aventura adolescente, la clase de cosa que tu papá te recuerda en el brindis de tu boda para avergonzarte. Pero, cuando estás indocumentado, sus consecuencias pueden ser catastróficas y dar un vuelco a la vida de toda tu familia. Mis papás eran muy conscientes de eso. Yo no. La multa de Tower Records debía pagarse y mis papás no tenían suficiente plata. Mi mamá, en un tono de voz firme que nunca le había escuchado, dijo:

—No va a ir a la escuela militar y punto.

Y me miró. No estaba enojada, sino más bien decepcionada. Lo creas o no, aquello me dolió más.

—Muy bien —dijo cabreado mi papá—. No irá a la escuela militar, pero pagará la multa, porque yo no voy a hacerlo.

—Lo hará —lo desafió mi mamá.

Tenía catorce años. ¿De dónde iba a sacar mil dólares?

Mi papá dejó de hablarme por un tiempo. Era su forma de hacerme la guerra psicológica. Si mi papá estuviese cabreado contigo, ni siquiera reconocía tu existencia. Para mí, aquello era peor que cualquier castigo físico. Pasado un mes de ser ignorado a diario, extrañabas tanto su atención que hasta deseabas que te pegara.

Un día, dando una vuelta por Video 94, me di cuenta de que se les estaban acumulando las películas devueltas y las colas de clientes eran cada vez más largas. Aquel negocio familiar necesitaba ayuda, pero el dueño era un inmigrante indio. No iba a pedir ayuda. Era una mentalidad de inmigrante que conocía muy bien por mi papá. Así que esperé a que saliera el último cliente y me acerqué a él.

—¿Necesita ayuda?

Sandip, el dueño del videoclub, me miró incrédulo y preguntó:

—¿Tienes dieciocho años?

Me armé de valor y le contesté:

—Sí.

No los tenía ni de lejos. Sandip volvió a observarme y preguntó:

—¿Puedes trabajar las noches entre semana?

—Puedo —le dije.

No estaba seguro de si iba a poder, pero necesitaba pagar la multa antes de que llamaran a la policía. Sandip se inclinó hacia mí y dijo:

—Sólo puedo pagarte por debajo de la mesa. ¿Tienes algún problema con eso?

Sonreí de oreja a oreja.

—*Por debajo de la mesa* me va perfecto.

Empecé a trabajar en Video 94 de inmediato. Es cierto que sólo cobraba 2,25 dólares la hora, que era mucho menos que el salario mínimo de California de la época, pero aquel trabajo era mi camino hacia la redención. Mis incontrolables hormonas me habían hecho robar una revista porno, me habían atrapado y multado, así que ahora me veía obligado a trabajar para pagar por mis errores. E hice todo aquello indocumentado. ¿Entiendes ahora por qué odio a los adolescentes de hoy en día que tienen acceso a internet durante la pubertad?

Me familiaricé bastante rápido con los sistemas tanto de archivo como de informático de Video 94 y se me daba bien relacionarme con los clientes, que eran sobre todo minorías. Iba a la escuela todo el día, hacía la tarea tan pronto como llegaba a casa y, después, me iba andando al videoclub para el turno de noche de lunes a viernes. Entraba a las seis de la tarde y salía sobre la medianoche. Hacía eso cada noche entre semana. El videoclub se quedaba abierto tan tarde porque había una oleada de hombres solteros que llegaba a última hora para alquilar pornografía y no ser vistos por el resto de clientes en las horas normales de apertura. Eran una panda de solteros que necesitaban desesperadamente internet. No se me escapaba la ironía de que me encontraba en aquella situación por mis ansias de ver qué se escondía tras la cortina y que ahora me encargaba de reponer toda la sección para adultos. Tenía acceso a todo el porno que pudiera desear, pero estaba demasiado ocupado con el trabajo para verlo. Me arrastraba por la escuela agotado y con los ojos inyectados en sangre por la falta de sueño. Tenía tan mal aspecto que un día el subdirector me agarró y trató de convencerme de dejar las drogas porque, según él: «No eres mal chico». Ojalá le hubiese dicho eso a mi papá.

Fue más o menos por aquellas fechas cuando mi primo Joe vino a vivir con nosotros. Joe era ocho años mayor que yo, pero parecía cinco años menor. Llevaba mucho tiempo viviendo en Utah. Incluso había pasado un tiempo en una reserva nativoamericana. Su sueño había sido convertirse en *snowboarder* profesional hasta que un salto invertido al estilo helicóptero le partió el antebrazo en dos, obligando a los médicos a insertarle una placa metálica para mantener la extremidad unida. Joe vino a vivir con nosotros porque necesitaba desesperadamente supervisión médica, pero no tenía seguro de salud. Con su formación, mis papás podían cuidar de él sin necesidad de seguro. Joe no tenía buena salud cuando vino a vivir con nosotros, pero lo que no sabíamos era que sería él quien terminaría sanándonos.

Mi papá no quería acoger a Joe. Joe es el hijo de mi tía Lupe, la hermana mayor de mi mamá. A Lupe la bautizaron en honor a la Virgen de Guadalupe, pero, amigo, no podía parecerse menos a ella. Mi tía Lupe, o «Lupita-mi-amor», como me hacía llamarla desde niño, era el alma de cualquier fiesta. Lupita-mi-amor y mi papá chocaban mucho. Ella odiaba cómo mi mamá siempre hacía lo que a él se le antojaba. Sentía que mi papá no se merecía a su hermana pequeña. Lupita-mi-amor sigue siendo la única persona de la historia en haberle lanzado una manzana a la cara a mi papá después de una pelea. ¿Por qué iba a querer ocuparse de su hijo?

Cuando Joe se mudó a casa, le dije que me gustaba su *short*. Sin dudarlo, me lo regaló. Yo estaba encantado con mi nuevo *short* de *skater*, pero mi mamá me agarró enojada y me explicó:

—Quienes te dan la camisa que llevan puesta siempre terminan desnudos. No le hagas eso a Joe, que tiene muy poco.

Joe me aceptó como su joven *padawan*. Ambos compartíamos un amor infinito por la trilogía original de *Star Wars*, pero, sobre todo, a mí me encantaba la música que escuchaba Joe. En mi casa siempre sonaba música en español o jazz suave. Mi primo cambió eso. Un día, Joe estaba sentado junto al equipo de música y dijo:

—Ven. Escucha a estos manes. Se llaman NOFX.

Me vi envuelto por los sonidos del punk californiano que reventaban los altavoces. El ruido de NOXF, Pennywise y Operation Ivy inundando el comedor era exactamente lo que necesitaba con catorce años. Mi papá y yo seguíamos distanciados. Apenas hablábamos desde que trató de librarse de mí mandándome a la escuela militar. El sentimiento de unidad y el antiautoritarismo del punk californiano era exactamente lo que me hacía falta. Empecé a vestirme como Joe, medio americano, medio ecuatoriano que se había pasado toda la vida yendo de casa de familiar en casa de familiar. Una noche, mientras nos tomábamos juntos unas cervezas en el patio trasero, Joe señaló:

—Somos los dos únicos nietos que se criaron con el abuelo.

Antes de mi nacimiento, Joe había pasado casi toda su vida con nuestros abuelos y era el favorito de mi abuelo. «Mi alemán», solía llamarlo Tata por su piel clara y sus brillantes ojos azules. Joe y yo teníamos un vínculo irrompible. Era el único adulto que me entendía de verdad.

Una noche, cuando llegué de Video 94, me encontré a Joe y a mi papá bebiendo cerveza en el patio trasero y filosofando sobre la vida como hacía Joe conmigo. Me costó un poco asimilar aquella visión y me puse algo celoso. Sólo Joe y yo bebíamos cerveza y filosofábamos sobre la vida. Tenía catorce años, pero, mientras tuviera un trabajo, sacara buenas calificaciones y sólo lo hiciera en la casa, me permitían tomarme una cerveza con Joe. Así que, ¿qué hacía mi papá invadiendo mi espacio con mi primo? Técnicamente, no era mi espacio. No pagaba alquiler, aunque trabajaba para pagar la deuda. Entonces, escuché a mi papá reír y me quedé de piedra. En aquel momento me di cuenta de que apenas había escuchado nunca su risa. Joe hizo algo por mí que no sabía que necesitaba. Me ayudó a ver a mi papá como a una persona y no como al tirano en que lo había convertido. Ver a mi papá pasar el rato con Joe, disfrutándolo como lo hacía yo, me hizo sentir que quizá no tenía por qué haber un océano entre nosotros. Fue entonces cuando le dije a mi papá:

—Ya lo tengo todo. Por fin puedo pagar la multa.

Mi papá no sonrió, pero pude ver por su actitud que estaba satisfecho.

Una mañana de domingo en Video 94, un amable señor indonesio con barba gris, David, me preguntó por qué no tenía auto. David me había visto andar cada noche al videoclub cuando él regresaba a casa de su taller mecánico. Como yo, era inmigrante, así que se sentía mal por mí.

—¿No conoces la canción «Nobody Walks in LA»?

David era mecánico y me dijo que me conseguiría un auto. Le dije que me lo pensaría. Se sentía raro que me ofrecieran un auto de la nada. Pero los caminos del universo son inescrutables porque, unos días más tarde, un viejo blanco en un sedán azul al que no conocía se detuvo a mi lado cuando iba de camino al trabajo.

—¿Te llevo?

—No —le dije sin dejar de andar.

El hombre siguió manejando despacio junto a mí. De nuevo, preguntó:

—¿Seguro que no quieres que te lleve?

—No —le dije ahora más agresivo.

El hombre se fue a regañadientes. Apenas había pasado un cuarto de hora cuando volvió a detenerse a mi lado.

—Vamos, sube. Voy en esa dirección de todos modos.

Pero justo se nos acercó una patrulla y el hombre del sedán se marchó. Llegué al trabajo y me pregunté si estaría exagerando o si aquel tipo al que nunca había visto de verdad sólo quería hacerle un favor a un chico latino de catorce años. Aquella noche, cuando David llegó al videoclub, le pregunté:

—¿Sigue en pie la oferta del auto?

Ahora tenía un viejo Nissan Maxima que utilizaba para ir y volver del trabajo. David confiaba en que sería responsable con su auto, así que lo fui. Mis papás no entendían de dónde demonios había sacado un auto. Había muchas cosas que no entendían de América. ¿Iba la gente regalando autos en este país? Una noche que estaba con mis primos Choli y Joe en casa, hice lo impensable. Me los llevé a dar una vuelta en el Nissan de David. Nunca había ido a dar un paseo en auto por la noche y fue espectacular. Sólo recoger las llaves y poder manejar a donde quisieras a cualquier hora del día. Nunca había tenido aquella sensación de libertad. Parqueé en la gasolinera justo cuando una patrulla se detuvo detrás de nosotros. Me apresuré en darle las llaves a Joe y le dije que manejara él porque yo no tenía licencia. Entonces, los policías empezaron a interrogarnos:

—¿Qué hacen aquí, chicos? ¿De dónde vienen?

No me puse nervioso cuando me pidieron el registro del auto. Los papeles estaban al día. Sólo me preocupé cuando nos pidieron la licencia y descubrieron que a Joe le habían retirado la suya. La policía incautó el vehículo ahí mismo. Me sentí muy mal. David me había confiado su auto y, por una estupidez, me lo habían quitado.

Ya había pagado entera la multa de mil dólares de Tower

Records, de dos dólares por hora en dos dólares por hora. El gerente debió sorprenderse de que un chico de catorce años lograra reunir esa plata. ¡Yo mismo estaba sorprendido! Pero ahora tenía un nuevo problema: habían incautado el auto de David. Me puse inmediatamente a ahorrar de nuevo para sacarlo del depósito, lo que logré mes y medio más tarde, tras muchas horas extra en el videoclub. Pero entonces el empleado del depósito me informó que yo no podía sacar el auto de ahí: tenía que venir personalmente su propietario. Fui avergonzado a pie hasta casa de David y me vi obligado a contarle la verdad sobre lo que había hecho. Me escuchó compasivo y me dio las gracias por mi honestidad. Guau. Ojalá mi papá se pareciera más a él. David me llevó manejando hasta el depósito, donde pagué para recuperar su auto. Cuando regresamos a su casa, fue lo bastante bondadoso para ofrecérmelo de nuevo. David era esa clase de persona. Pero esta vez le dije:

—No. He aprendido la lección. Tendré que caminar.

Convertirme en Zack Morris

Mi primer año en West Covina High pareció una prórroga de la escuela intermedia. Todos los chicos problemáticos que no habían abandonado sus actitudes pandilleras —y que no necesitaban más que apoyo psicológico, refuerzo positivo en la familia y quizá algo de terapia conductual— seguían ahí. Como era introvertido por naturaleza, procuraba pasar desapercibido y sólo me juntaba con mi primo Choli y con mi prima Diane. Diane era la hermana mayor de Choli y una versión más inteligente y atractiva de él. Como eran alumnas de último año, Diane y sus amigas tenían acceso a las fiestas de los chicos populares, algo habitual para las jóvenes atractivas. De hecho, la primera vez que fui a una discoteca para mayores de veintiún años siendo menor fue con Diane y su grupo. Estoy seguro de que el guardia sabía que todos éramos menores, pero valía la pena correr el riesgo por nuestra ratio: cuatro chicas atractivas y un *nerd* menor de edad con aspecto de bobo. *¿Por qué no?*

Diane siempre cuidaba de mí. Me daba comida en el recreo, me decía con quién debía juntarme y con quién no en la preparatoria, y les hablaba bien de mí a sus amigas. En ese sentido, era muy dulce. Diría incluso que Diane se ocupó mejor de mí que de su propio hermano. Choli también lo diría, sólo que no en público.

Para el segundo año, todos los chicos problemáticos habían dejado los estudios, habían sido expulsados de la escuela o habían sido enviados a una escuela de continuación. En California, una escuela de continuación era un programa de formación alternativo a la preparatoria, compuesto en su mayoría por chicos negros o morenos. Las escuelas de continuación eran básicamente el purgatorio de los distritos escolares locales. No querías terminar ahí. Cuando se fueron los alumnos de las pandillas, pude volver a ser yo mismo. Resultó que, en el fondo, seguía siendo un tremendo *nerd*.

Choli se enamoró a principios de ese segundo año. De la noche a la mañana, perdí a mi pana a manos de Sandra, una encantadora chica medio mexicana, medio filipina, completamente rompehogares. Sin mi primo, me quedé solo en ese nuevo páramo adolescente y ni siquiera sabía quién era. Era un inmigrante, algo comelibros, exaspirante a pandillero y amante tanto de los Beastie Boys como de Carlos Vives. No sabía a qué grupo pertenecía en la secundaria. En el valle de San Gabriel a mediados de los noventa, los grupos con los que podía juntarme eran los fiesteros, los grafiteros, los rebeldes, los deportistas, unos pocos cholos que seguían escolarizados y los populares. Cuando llegué a West Covina High School, no era ninguno de esos. Por suerte, encontré amigos que se sentían exactamente como yo.

Sal, Napo y Tommy fueron el núcleo de mi familia en la preparatoria. Los mejores estudios nacionales demuestran que los estudiantes de comunidades marginadas no pueden empezar el proceso de aprendizaje hasta que han creado una familia y un lugar seguro en el aula. Eso es lo que estos tres chicos hicieron por mí sin saberlo. Los cuatro nos volvimos como hermanos y, siendo un hijo único en una búsqueda constante de figuras fraternales en su vida, ellos fueron exactamente lo que necesitaba.

Sorprendentemente, Sal también se crio como hijo único. Igual que yo, vivió casi toda su vida en un departamento. Era un tipo muy agradable del que todo el mundo quería hacerse amigo. Nos unió nuestro amor por la música. En aquella época, el punk californiano se había puesto de moda. Siempre podías encontrarnos a Sal y a mí escuchando a Sublime, The Offspring, No Doubt o Rancid. También podías encontrarnos los fines de semana frente a Tower Records, haciendo cola esperando a que abriera Ticketmaster para ser los primeros en comprar entradas para el concierto de Rage Against the Machine. Rage Against the Machine era el grupo perfecto para Sal y para mí: un cantante mexicanoamericano y un guitarrista medio kikuyu keniata que nos exponían a la justicia social por primera vez en nuestras jóvenes vidas. Como no conocíamos las palabras para expresar el motivo de nuestra angustia adolescente, Rage Against the Machine le puso la letra. Nuestro pasatiempo favorito era encontrar cintas de VHS raras en las que la banda tocaba en fiestas de jardín, y verlas en bucle imaginando que estábamos ahí, aclamándolos.

Mi amigo Napo era medio mexicano, medio guatemalteco. Si tus prejuicios te hacen imaginarlo doblemente bajito, estás racistamente equivocado. Napo era uno de los manes más grandes e imponentes de la clase. Su problema: que era todo corazón. Yo solía preguntarme: *¿Para qué te sirve ser así de grande si vas a ser bueno con todo el mundo?* Me parecía un desperdicio de un cuerpo dominante. En la antigüedad, Napo se hubiese ganado el respeto a golpes. Los padres inmigrantes de Napo trabajaban tanto como los míos, y eso fue lo que nos unió al principio. Éramos dos caras de la misma moneda de la «primera generación»: él, como hijo de inmigrantes; yo, como el primer miembro de mi familia nacido en el extranjero en ser americano. O al menos eso creía.

Tommy, por otro lado, era un libro cerrado. Era alto, muy testarudo, un ávido lector y un grandísimo fan de The Beatles. O, como decía mi mamá, «los bitles». El papá de Tommy escuchaba mucho *rock* clásico, así que su hijo adoptó el hábito. A su papá le gustaba restaurar autos clásicos y *lowriders*, así que Tommy manejaba un Monte Carlo negro del 81. A Tommy también le encantaba la *new wave* y The Smiths. Conseguir que Tommy se abriera era como sacarle una muela, pero, cuando lo hacía, era como ver el nacimiento de un universo. Pero aquellas conversaciones profundas con él —o con cualquiera de mis amigos— sólo ocurrían con el alcohol.

El haber empezado a beber tan jóvenes fue probablemente el factor que nos unió a todos, Choli incluido. Al principio nos juntábamos con los populares simplemente porque podíamos beber más que ellos. El alcohol parecía ser un rito de iniciación para los alumnos americanos de preparatoria. Al menos lo fue para nosotros en West Covina High School.

Un sábado por la noche de nuestro segundo año, los chicos y yo decidimos ir a Balboa Beach, más o menos a una hora en auto. El plan era beber y escuchar música junto a una hoguera. Había unos cuantos alumnos de la preparatoria por ahí, pero la idea del viaje era emborracharnos los cinco junto al océano. Hasta aquel momento, habíamos sido los reyes de la cerveza. Si era buena para los natufienses seminómadas de hace trece mil años, también lo era para nosotros. Todavía no habíamos encontrado una marca que no nos gustara, incluidas Natural Light y Mickey's. Pero aquella noche un chico rebelde decidió traer una botella de Jack Daniel's a la playa. Con ganas de reírme de uno de los populares, reté a aquel rebelde a ver quién podía beberse más chupitos de JD.

—Prepárate —dijo, decidido a exponer el fraude que sin duda era.

Yo ya había bebido chupitos de tequila en una reunión familiar. *¿Cuán distinto puede ser?*, me dije.

El primer par de chupitos no fue para tanto. Sólo me ardieron un poco en la garganta. Los siguientes costaron un poco más de tragar. A mi estómago no le gustaban. Para cuando llegué al décimo, empecé a sentirme mareado, pero no quise que el rebelde lo supiera. Continuamos. El nivel de la botella de aquella marca de Tennessee no parecía bajar por mucho que bebiéramos. El rebelde y yo terminamos por rendirnos tras dieciséis chupitos por cabeza. Estaba claro que ambos habíamos tenido suficiente. Como apenas podía mantenerme derecho, dimos la hoguera por terminada. Choli me estaba ayudando a regresar a trompicones al Monte Carlo de Tommy cuando los agentes de una patrulla nos acorralaron. Era evidente que yo era el que iba más borracho. Choli y Tommy me pidieron que hiciera como si nada mientras los dos agentes blancos nos mandaban sentarnos en el bordillo y empezaban a hacernos una serie de preguntas:

—¿Qué hicieron esta noche?

—¿De dónde vienen?

—¿Han bebido algo de alcohol?

Molesto y completamente ebrio, balbuceé:

—Sólo staba bebiendo con mes panas, ¡crajo!

Tommy se apresuró en cortarme y se disculpó con el agente. Por suerte, él apenas había bebido y sólo quería irse a casa. No lo culpaba. Eran las once de la noche y tenía un largo trayecto por delante. Sorprendentemente, el policía nos dejó ir. Quizá el apellido caucásico de Tommy fuera una bendición para todos nosotros. Lo único que le dijo el policía mientras nos íbamos fue:

—Por favor, llévalo inmediatamente a casa.

No llevábamos más de diez minutos de camino cuando el asiento trasero de Tommy empezó a dar vueltas. Estaba sintiendo los efectos del Jack Daniel's en toda su gloria. Estábamos en la autopista cuando le supliqué a Tommy que se detuviera. El resto está borroso. Creí haber logrado salir a tiempo del Monte Carlo para vomitar, pero, aparentemente, sólo saqué la cabeza por la ventanilla y dejé que mi estómago hiciera el resto del trabajo. Fui perdiendo intermitentemente la consciencia todo el camino de regreso a West Covina. Recuerdo que estábamos en la autopista y, de golpe, estábamos en una gasolinera y Tommy utilizaba un limpiavidrios para quitar mi vómito del lateral de su auto. Cuando desperté por tercera vez, estábamos frente a mi casa y Tommy y Choli discutían sobre qué hacer conmigo.

—No me lo voy a llevar a casa, mis papás me matarían— dijo Choli.

—Pues yo tampoco puedo llevármelo —contestó Tommy.

Ninguno de los dos quería llevarme a casa con ellos por miedo a que los castigaran. Dejarme ahí y esperar que todo fuera bien les pareció la única alternativa. Si iban a castigar a alguno de nosotros, estaba claro que tenía que ser a mí. Choli y Tommy me sacaron del auto y me arrastraron hasta la puerta principal, contra la que me apoyaron, llamaron al timbre y salieron corriendo. Lo último que recuerdo escuchar es el chirriar de las ruedas del auto cuando se fueron.

Aquella noche mis papás habían invitado a unos amigos a cenar. Cuando escuchó el timbre, mi mamá supuso que era yo. Abrió felizmente la puerta y yo me desplomé contra el piso de baldosa. Mi mamá se quedó sin aliento mientras me apresuraba yo en levantarme, trataba de mantener el equilibrio y saludaba educadamente con la mano a sus amigos. Fui tambaleándome hasta mi cuarto y me dejé caer sobre la cama. Igual que el asiento trasero del auto de Tommy, mi dormitorio también empezó a dar vueltas. Como buenos médicos, mis papás entraron corriendo y empezaron a chequear mis signos vitales. Temían tener que llevarme al hospital para que me hicieran un lavado de estómago. Mi papá evaluó la situación y llegó a la conclusión de que no me pasaba nada. Me dieron agua, me ayudaron a quitarme la ropa manchada de vómito y hasta me hicieron comer algo de pan para absorber el alcohol en mi cuerpo. Incluso tan borracho como estaba, fui lo bastante ingenioso para defenderme ante mis papás:

Siempre me dijeron que nunca debía probar las drogas... ¡pero no dijeron nada del alcohol!

Por fin seguro en casa, me desmayé.

A la mañana siguiente, estaba en serios problemas. Sabía que mi papá estaría cabreado, no sólo porque me había puesto en grave peligro al emborracharme tanto en plena calle, sino porque lo había hecho quedar mal ante sus amigos. Me miró furioso cuando anduve a trompicones hasta la mesa de la cocina y me preguntó qué había ocurrido. Le confesé haber tomado dieciséis chupitos de Jack Daniel's. No podía creerse cuán estúpido podía llegar a ser. Me castigó por cuatro meses. Supongo que fue una semana por chupito. Sólo me dejaba salir de casa para ir a la escuela y al trabajo. Aunque el verdadero castigo hubiese sido obligarme a oler Jack Daniel's cada mañana. Todavía ahora, nadie puede acercar *whisky* de esa marca a menos de ocho kilómetros de mí porque vomito.

Además del alcohol, la otra cosa que nos unió a Sal, a Napo, a Tommy y a mí fue el hecho de que todos nos habíamos visto obligados a empezar a trabajar muy jóvenes. Muchos de nuestros amigos no necesitaron un empleo mientras estuvieron en la preparatoria. Ni siquiera Choli. Pero Sal, Napo, Tommy y yo, sí. Sal trabajaba a tiempo parcial en una pizzería. Trabajaba bajo la mesa, igual que yo en el videoclub. Tommy tenía un permiso de trabajo, así que trabajaba a tiempo parcial vendiendo pretzels en el centro comercial después de las clases. Por su parte, Napo estaba destinado a aprender el negocio familiar: el paisajismo.

Muchos chicos de la escuela se burlaban de Napo porque su papá era el jardinero en sus casas, sin tener ni idea de que Napo y su papá en realidad tenían más plata que ellos. El negocio del paisajismo tenía una demanda constante en el sur de California. Tanta que terminé por preguntarle a Napo si quizá deberíamos empezar a trabajar juntos de jardineros los fines de semana. A Napo le pareció una buena idea, así que le preguntó a su papá, Ramón, un mexicano de Zacatecas de cierta edad, pero todavía muy en forma, si nos daría una oportunidad como trabajadores. Ramón se rio y nos dijo en español:

—Muy bien, veamos de qué están hechos.

Napo y yo nos presentamos a trabajar temprano en la primera parcela en South Pasadena. La casa era enorme y había mucho trabajo que hacer, pero Napo y yo no hicimos ninguno porque no sabíamos qué hacer. Ayudamos con la basura y acarreamos bolsas de fertilizante de un lado a otro. Pero eso fue todo. Después, nos montamos en el 4Runner con aire acondicionado de Napo y nos fuimos a la segunda casa, que era más pequeña y, por lo tanto, pensamos, más manejable. Pero el trabajo resultó ser más complicado. El encargo era plantar nueva vegetación e instalar un nuevo sistema de riego automático. Napo y yo cavamos donde nos dijeron, pero ambos estábamos muy confundidos. Hasta donde yo sabía, los riegos automáticos estaban en la superficie. Para la tercera y la cuarta casa, estaba claro que Napo y yo sólo éramos un estorbo para los demás. En la pausa del almuerzo, Ramón nos invitó a dos deliciosos burritos y nos sugirió que nos fuéramos a casa. Napo y yo no podríamos habernos alegrado más. El trabajo en exteriores no era para mí. El videoclub era más mi estilo.

Me pasé gran parte de aquel año escolar castigado. Si mi papá y yo estábamos en casa al mismo tiempo, tenía que encontrar algo con lo que mantenerme ocupado: bañar al perro, pasar la aspiradora, lavar los platos. Cuando no estaba, disfrutaba de la gloria de ser un adolescente americano flojo. Siempre que podía, veía a escondidas la televisión. En uno de esos días, descubrí las repeticiones de la clásica comedia americana *Salvado por la campana*. La serie trataba de un carismático chico blanco en el instituto que siempre tramaba algo con su grupo de amigos. Había un chico musculoso y étnicamente ambiguo llamado A. C. Slater, interpretado por Mario López, con el que debería haberme identificado, pero, en cambio, terminé hechizado por Zack. Fue esa despreocupación de los chicos heteronormativos, acompañada por el carisma que te da el privilegio blanco y coronada por el cabello rubio oxigenado de California... Zack Morris era todo lo que yo deseaba ser.

Mi vida era monótona cuando empecé el tercer año. Iba a la escuela, regresaba a casa, hacía la tarea, iba a trabajar y estaba castigado gran parte de mi tiempo libre. No era feliz. Mi vida no tenía nada que ver con la de ninguno de los adolescentes americanos que veía en televisión. Todos parecían muy felices. Entonces, decidí tomar el control de la situación. No quería vivir en esa historia de hispano pobre de barrio. Quería ser Zack Morris y quería que West Covina High School fuera tan divertida como Bayside High. Había un episodio en que Zack se unía al club de teatro, así que decidí presentarme a una audición para clases de teatro. En otro episodio, Zack formaba una banda. (¿Cómo olvidar el éxito de Zack Attack «Friends Forever»?). Pues bien, Sal y yo también formamos una banda. Sólo tocábamos una canción en bucle («Bro Hymn» de Pennywise), pero éramos una banda de todos modos. Zack estaba en equipos deportivos de la preparatoria, así que decidí hacer lo mismo. Es cierto que era fútbol, ¡pero era un equipo de la preparatoria al fin y al cabo! Si Zack Morris lo hacía, yo lo probaba. Y funcionó. La escuela empezó a ser divertida.

Lo creas o no, incluso me teñí el pelo de rubio. Y, por primera vez en la vida, la gente me tomó por blanco. Era extrañamente emocionante. Las chicas empezaron a hablarme más. Los profesores empezaron a ayudarme en clase. Incluso la policía empezó a ser más cortés conmigo. Era una locura. Era un raro mundo al revés donde ya no era un chico étnico y alternativo. Los desconocidos me trataban de otra manera, así que empecé a comportarme de otra manera. Me volví más optimista y agradable porque la gente empezó a interactuar conmigo de esa manera.

Una noche en el videoclub, un cliente mayor con el que no me llevaba bien porque siempre me hablaba en tono condescendiente se me acercó y dijo:

—No me gusta nada ese niño latino que tienen aquí los fines de semana. Es muy grosero. ¿Podrías decírselo al dueño, por favor?

¡¡Yo era el *man* latino!!

Por el amor de Dios, el cliente no me había reconocido.

—Por supuesto que informaré a mi supervisor de sus comentarios —le respondí sin ninguna intención de por supuesto informar a mi supervisor de sus comentarios.

Ser Zack Morris mejoró muchísimo mi vida. No existía un manual para ser un estudiante americano de primera generación. Había pasado por el sistema educativo público algo desmotivado por cómo me aburría y me alienaba. A veces, no parecía más que una guardería gubernamental. Mis profesores no esperaban demasiado de mí y, de hecho, yo tampoco. Pero todo cambió cuando me di cuenta de que nadie iba a crear la realidad que quería, así que tendría que hacerlo yo mismo. Construí yo mismo la experiencia de preparatoria que deseaba, con la ayuda de un engreído niño blanco de la televisión.

La gran noticia

Como vivía lejos de mi preparatoria, los días en que ninguno de mis panas podía llevarme a casa tenía que esperar a que mi papá me recogiera. Sólo le quedaba un empleo (de los dos que tenía normalmente), así que le daba tiempo a recogerme en días alternos. ¿Quería? En absoluto. Y me demostraba su desprecio llegando muy tarde. Me molestaba ser el último estudiante esos días y hasta el personal de la limpieza que se encargaba de cerrar se sentía mal por mí. En defensa de mi papá, siempre terminaba por venir. Pero era como un técnico de la compañía del cable: el margen de espera estaba entre una y cuatro horas más tarde de la hora convenida.

Cuando empecé el tercer año de preparatoria, finalmente decidí que iba a sacar la licencia de conducir. Y eso empezaba por sacar el permiso de conducir. Napo, Tommy y Choli ya manejaban. ¿Por qué yo no? Decidí apuntarme a clases para sacarme el permiso después de la escuela y lo hice sin contárselo a mis papás. Temía que me dijeran que no.

La clase era divertida, pero sólo porque Sal la tomaba conmigo. Hacíamos puras huevadas mientras aprendíamos que la parte más importante de la conducción era la seguridad. Ante la duda, siempre había que tomar la decisión más segura. Bueno, parecía sencillo. Manejar un auto estaba a un simple examen de la DMV de distancia.

Choli y su novia, Yoko (perdón, Sandra), se unieron a Sal, Napo, Tommy y a mí. Nos convertimos en un grupo muy unido tanto dentro como fuera de la preparatoria. Con el tiempo, Sandra trajo a todas sus amigas a formar parte de nuestro círculo íntimo: Denise, Jessica y María José. María José (o «MJ», como solía llamarla) me gustó desde la primera vez que la vi. MJ era una mexicanoamericana de piel blanca con el cabello negro azabache, una chica de los noventa que amaba la música de los ochenta. Era como una Blancanieves sarcástica, si a Blancanieves le encantara Depeche Mode.

MJ y yo nos hicimos amigos. Nunca le dije que me gustaba. Sólo nos juntábamos y éramos emo incluso antes de que supiera que existía una palabra para eso. Bebíamos, nos reíamos y hablábamos de cualquier huevada, pero siempre juntos. Era evidente que nos gustábamos, pero ninguno daba el primer paso. Un día, en casa de un amigo después de clase, le estuve enseñando a MJ a jugar al billar en el garaje, e incluso la mamá de nuestro amigo puso los ojos en blanco cuando bajó a vigilarnos y vio lo obvio que era.

Me tomó una eternidad besar a MJ. Lo hicimos en una fiesta. Ambos estábamos algo borrachos. No recuerdo quién dio el primer paso, sencillamente ocurrió. El alcohol siempre ha tenido ese efecto en mí. Me volvía más seguro de mí mismo de lo que era en realidad. Me daba una extraña sensación de euforia.

En las clases de conducir, a Sal y a mí nos mostraron un video de lo que le ocurría en la vida real a una víctima del manejo bajo los efectos del alcohol. El video era espantoso y dejaba el mensaje claro. Me entristeció cuando de golpe me di cuenta de que quizá ya no podría beber cuando empezara a manejar. Pero me pareció un intercambio justo. No veía la hora de tener una cita con MJ, los dos solos.

Cuando terminó el curso, nos dieron unos documentos a todos para que los rellenaran nuestros papás o tutores. Estábamos a un paso de obtener nuestros permisos de conducir.

La noche de la gran noticia, entré en casa con mi solicitud para el permiso de conducir en la mano. Estaba ansioso por llevarme a MJ a dar una vuelta, preferiblemente, a la cima de una colina con bellas vistas. En el fondo, siempre he sido un romántico. Le entregué a mi papá los papeles y le pregunté:

—¿Podrías firmarme esto, por favor?

Mi papá leyó los papeles de la DMV y miró a mi mamá, que dejó de cocinar su mundialmente famoso seco de pollo y tomó asiento junto a mi papá. Algo no andaba bien.

—Tenemos que hablar —dijo mi papá, lacónico.

Preocupado, yo también tomé asiento.

—¿Ocurre algo? —pregunté—. ¿Está bien la abuela?

—Rafa —dijo mi papá, buscando las palabras—, no tienes número de la Seguridad Social.

—¿Eh? ¿Por qué?

—Porque... ya lo hemos hablado. Somos... ilegales.

¿¡Qué!? ¿Ilegales? No entendía a qué se refería. Muchas cosas podían ser ilegales. Manejar por encima del límite de velocidad es ilegal. Utilizar información privilegiada es ilegal. Cantar «Cumpleaños feliz» es ilegal porque los derechos de la canción están registrados. Beber alcohol si eres menor de veintiún años es ilegal. Mierda, quizá yo también era ilegal...

Miré a mi mamá esperando una aclaración. Asintió suavemente.

—No tenemos papeles.

—Espera... somos ilegales... ¿nosotros? —exclamé entendiendo por fin lo que trataban de decirme mis papás.

Dado que ningún ser humano es ilegal, evidentemente, en aquel momento utilicé la terminología equivocada. Pero aquello ocurrió antes del movimiento DREAMer. Era 1997 y lo único que escuchaba en el noticiero era cómo Lou Fuera-De-Mi-Propiedad Dobbs denigraba a los trabajadores indocumentados. Cuando hablaban en español, mis papás nunca se referían a sí mismos como «ilegales» y por eso yo no entendí la gravedad de nuestra situación en aquel momento. Nadie que conociera en la pequeña población de West Covina, lugar de nacimiento de Troy Aikman y Joan Jett, utilizaba nunca esa palabra. Lo máximo que les había escuchado decir a mis papás en español era «No tenemos papeles». Mi joven mente siempre había asumido que, para arreglar cualquiera que fuese ese problema, sólo teníamos que... conseguir papeles. Pero ahora mi papá me había revelado que éramos «ilegales». Aquello fue como el impacto apocalíptico de un meteorito contra el pico nevado de mi cabeza.

Me costaba entender todo aquello.

—No cruzamos un desierto —traté de racionalizar—. Vinimos en avión... ¡y, si no recuerdo mal, fue en turista plus!

Mi mamá me explicó sin perder la calma que vinimos con visados turísticos, pero que nos habíamos quedado más de lo permitido. Me dijo eso mientras me preparaba una infusión de manzanilla. Siempre ha sabido cómo calmarme. Mi papá añadió que habían solicitado un permiso de residencia permanente hacía once años y que habían esperado que a estas alturas ya nos lo habrían concedido. Yo no sabía lo que era la residencia permanente, pero parecía bastante evidente, dado que quería residir permanentemente en el único lugar al que había llamado hogar.

Empecé a ponerme nervioso. Era... «ilegal». Pero ¿qué significaba eso? No me sentía ilegal. Me sentía condenadamente americano. La manzanilla estaba deliciosa, pero no surtía efecto. ¿Cómo iba ahora a unirme al Club Republicano? Y entonces caí en la cuenta.

—Esperen. ¿Cómo pueden trabajar ustedes dos si somos ilegales y no tenemos números de la Seguridad Social?

Mi mamá y mi papá volvieron a mirarse.

—Bueno —se lamentó mi mamá—, ninguno de nosotros tiene papeles, pero tú eres el único que no tiene número de la Seguridad Social.

QUÉ.

CARAJO.

Ya había perdido los nervios por no tener permiso de residencia, pero ¿tampoco tenía permiso de trabajo? Empecé a marearme. Mi mamá me preguntó si quería más té. Sabía perfectamente que quería más té. Pero estaba cabreado, así que le dije que no. Me levanté y empecé a andar de un lado a otro por el comedor. Aquello no tenía ningún maldito sentido. Sabía que con dieciséis años y medio era «casi legal», pero eso era absurdo.

—No puedo ser ilegal —protesté—. ¿Cómo voy a pedir una beca para ir a la universidad si no tengo número de la Seguridad Social? Ay, Dios... ¿puedo siquiera ir a la universidad si no soy legal? ¡Tengo que legalizarme!

—Todavía estamos esperando nuestros permisos de residencia —dijo mi papá tratando de darme falsas esperanzas—. Quizá lleguen antes de que te gradúes.

El temblor en su voz me dio a entender que no creía en lo que estaba diciendo. Y, por primera vez en la vida, mi papá me permitió contestarle.

—¡Lo arruinaron todo!

Momentos más tarde, estaba sentado en mi cama revolcándome en mi autocompasión. No conocía a ningún otro ilegal. ¿Cómo podía ser uno sin saberlo? Me sentía traicionado por mis papás. Me obligaron a dejar Ecuador para seguir su sueño de ser médicos en los Estados Unidos y ahora estaba pagando el precio de aquel sueño. Aquello era ridículo. Miré mi póster de Jennifer López y, por primera vez, pensé: *Estoy demasiado deprimido hasta para masturbarme.*

Papeles de fumar

Por mucho que me gustara imaginarme como *punk rock* y contracultural, siempre fui un chico bastante íntegro. Tuve algunos encontronazos con la ley, pero la mayoría fueron tonterías adolescentes. Me enojaba si mi papá manejaba por encima del límite de velocidad o si mi mamá agarraba demasiadas muestras gratuitas en Costco (y siempre agarraba demasiadas muestras gratuitas en Costco). Sí, bebía siendo menor, pero porque se sentía como un rito de paso del sur de California. Mi alcoholismo precoz no quitaba que fuera un estudiante del cuadro de honor de la preparatoria que, además, tenía un empleo a tiempo completo. La noticia de que era «ilegal» era demasiado para digerir. En momentos como aquel, normalmente, recurría a algún episodio de *Salvado por la campana* en busca de guía. Pero, en este caso, no sabía qué hacer porque, ¡no hay ningún episodio de *Salvado por la campana* donde deporten a Zack!

Mis papás y yo no volvimos a mencionar el asunto de nuestros problemas de inmigración. A mi papá y a mí siempre nos había parecido bien no hablar de las cosas que de verdad nos incomodaban. Mi papá se paseaba por la casa como un asesino silencioso. Si algo le molestaba o si sabía que algo molestaba a otra persona, se volvía silencioso y desaparecía de cualquier interacción. Así que empezamos a ignorarnos.

Más allá de mi papá, también empecé a alejarme de mis amigos. MJ y yo nos distanciamos. Nuestra relación fue víctima del resentimiento provocado por las noticias que acababa de recibir y de las hormonas adolescentes fuera de control de un chico indocumentado. Dejé de verme con ella y con cualquiera que no estuviese dentro de mi círculo íntimo directo. Por supuesto, les conté mi situación a Napo y a Sal de inmediato. O, más bien, me obligaron a contársela.

Una mañana, en el patio de la escuela, Napo y Sal notaron que estaba inusualmente callado y me preguntaron si me ocurría algo. No supe qué decir, o si debía decir algo. ¿Me juzgarían o me mirarían de otra forma si les contaba mi secreto? Eran mis hermanos, pero ¿estaría poniéndolos en peligro si les contaba la verdad sobre mi situación legal? Tras un momento, terminé confesando que tenía algo importante que contarles.

—¿Es por la ruptura de Ross y Rachel? Porque yo todavía estoy en *shock* —dijo Napo.

No sabía de qué estaban hablando. Así de destrozado me habían dejado las noticias de mis papás: me había olvidado por completo de ver el episodio de *Friends* que dio comienzo a la era del «tomamos un respiro». ¡La próxima vez avísame del *spoiler*, Napo!

Sombrío, les dije que no era por lo de Ross y Rachel. Respiré hondo y al fin solté:

—No tengo papeles.

Sal miró a nuestro alrededor para asegurarse de que no hubiese nadie escuchando y preguntó:

—¿Dices papeles de fumar? Porque puedo conseguírtelos.

Me reí. Sal siempre podía hacerme reír por mucho que quisiera revolcarme en la autocompasión. Les dije a los chicos lo que me habían confesado mis papás. Les dije que no era legal.

—Mis tíos no tienen papeles y tampoco pasa nada —dijo Napo despreocupadamente.

Había conocido a algunos de los tíos de Napo. Todos llevaban en este país más de veinte años. No me había dado cuenta de que no tenían papeles. De alguna forma habían logrado comprar casas y manejar buenos autos y, lo más importante, ser capaces de cuidar de sus familias. Napo me puso una mano en el hombro y me hizo sentir que todo saldría bien. Levanté la mirada hacia Napo, que era mucho más alto que yo, y le sonreí. Me hizo sentir normal de nuevo.

Napo empezó a trabajar más con su papá. Tras nuestra debacle como empleados por un día, poco a poco había empezado a tomar las riendas del negocio familiar y, sin decirle nada a su papá, incluyó nuestra casa en su ruta. En otras palabras, Napo nos ofreció sus servicios de paisajismo gratis. Ramón y su equipo venían una vez a la semana para cuidar de nuestro modesto jardín. Me pregunté si aquellos trabajadores también estarían indocumentados y se lo pregunté a Napo.

—*Nope*, todos están en regla. Igual que mi papá.

Guau. Resultó que mi jardinero era más legal que yo. Mi jardinero al que, por cierto, no le pagaba.

Mi papá y yo hablábamos menos. Empezamos a no entendernos en absoluto. Tristemente, nos convertimos en una pálida imitación de lo que un día fuimos. Había llovido mucho desde los tiempos de la escuela primaria en que tratábamos de jugar juntos al béisbol. Me sentía incómodo estando en casa si también estaba él. Terminé por preguntarle a Napo si podía mudarme con él. La idea le encantó. Tenía hermanos mayores con los que no se había criado y no había nada que quisiera más que vivir con un hermano de su edad. Pero sabía que primero debía pedirles permiso a sus padres. Una tarde, Napo y yo fuimos a hablar con su mamá y su papá, Rosario y Ramón. Aquel matrimonio había protagonizado una verdadera historia de inmigrantes de éxito. Se amaban profundamente, habían formado una gran familia, habían levantado un pequeño negocio de la nada y habían envejecido felices juntos. Como mis papás, Ramón y Rosario siempre acogían a gente de afuera. Nuestras casas eran como puertas giratorias de tías, tíos, primos, amigos, padrinos y quizá algún compañero de trabajo. Estaba en su naturaleza decirme que sí. Pero Ramón me sorprendió cuando dijo:

—No.

Ramón aclaró que me querían mucho y que les encantaría ayudarme. De hecho, su casa siempre estaría abierta para mí. Pero tenía una mamá y un papá. Ramón aclaró:

—La decisión de venir, tienen que aprobarla primero tus papás.

Como sabía que mi papá no estaría de acuerdo, Napo y yo nos fuimos y mi petición quedó en eso.

A finales del tercer año, empecé a beber más. No podía sacar la licencia de conducir. No podía conseguir un permiso de trabajo. Pero podía hacer que alguien mayor me comprara alcohol. Salía hasta más tarde. En mi cabeza, pensaba que me estaba rebelando contra el sistema porque, ¿qué inmigrante ilegal saldría hasta tarde para beber y provocar a las autoridades?

Una noche llegué tarde a casa borracho y me encontré a mi papá en el sofá viendo una película de acción, como siempre. Aquella era su rutina nocturna. Veía películas más o menos hasta las dos de la madrugada y siempre estaba despierto cuando yo llegaba a casa. Era una incómoda interacción nocturna en la que ambos evitábamos comunicarnos. Pero aquella vez, cuando entré, mi papá apagó la televisión y se levantó del sofá. Sin mirarme a los ojos, dijo:

—Al menos ahora sabes por qué siempre me quedo despierto esperándote.

Se fue a dormir y yo me quedé borracho e indocumentado frente a la puerta de casa.

La Revolución de las Trece Colonias

Mi mamá llamó suavemente a la puerta de mi dormitorio. Acababa de llegar a casa del trabajo y quería hablar conmigo. Habían pasado unos meses desde que me dieron las grandes noticias. Conociéndola, sólo quería animarme. Pero empezaba a gustarme esta nueva versión melancólica de mí mismo. Si te parece que no saber hacia dónde va tu vida es difícil, trata de no saber hacia dónde va tu vida mientras no se te permite estar en el país.

Mi mamá entró y se sentó al borde de la cama. Me miró y, con un guiño, me dijo:

—Traté de contarte antes la verdad sobre nuestra situación, pero mojaste la cama y pensé que era mejor esperar.

En aquel momento no me pareció divertido, pero ahora sé apreciar una broma bien estructurada. Mi mamá se disculpó y me dijo que mi papá y ella no habían tenido otra opción. Pensaron que lo mejor sería que no supiera la verdad.

—Porque —dijo— no queríamos que te criaras sintiéndote diferente. Porque los sueños no deberían tener fronteras.

Carajo. Esa mierda me dio duro.

—Por favor, no seas tan duro con tu padre. Hace lo mejor que pueda. Siempre quiso asegurarse de que valoraras nuestros sacrificios y trabajo duro, pero esto es lo único que no pensamos que necesitaras saber tan joven.

El discurso inspiracional de mi mamá funcionó. Tanto ella como mi papá habían hecho muchísimos sacrificios para venir a América y habían estado conviviendo con esta angustiante realidad durante mucho tiempo. Yo llevaba menos de tres meses lidiando con ella. Me levanté al día siguiente con una chispa en el trasero. No era exactamente un fuego —¡gracias a Dios!—, pero la chispa estaba ahí. En 1997, nadie que conociera se refería a sí mismo como «ilegal» o «indocumentado». Simplemente decíamos: «No tenemos papeles». Ese era yo. No tenía papeles. Pero daba igual. Seguía decidido a ser el típico alumno de la preparatoria americana que había aspirado a ser. Mi papá y yo seguíamos chocando, pero daba igual. Encontraría la forma de que mis compañeros en West Covina High me dieran el amor que él no me daba en casa.

La arenga de mi mamá me obligó a poner las cosas en perspectiva. En cualquier otro lugar del mundo, quizá hubiese estado haciendo trabajo infantil en un taller clandestino o hubiese sido un niño soldado en alguna guerra sin sentido; o, peor, podrían haberme encerrado solo en una jaula fría y desolada, separado de mis papás. De nuevo, era 1997, y conceptos como «niño migrante», «DACA» o «si ya saben cómo me pongo,

¿pa qué me invitan?» aún no habían entrado en nuestro léxico. Beyoncé todavía no había conquistado el mundo y que Bill Clinton hubiese entrado en la Casa Blanca se consideraba diversidad en la política. Estaba en el tercer año de preparatoria, era un alumno prometedor de dieciséis años que se veía como un aspirante a VJ de MTV y el mundo podía ser lo que yo quisiera.

Un fin de semana, bebiendo con mis primos, estaba pensando en el último episodio que había visto de *Salvado por la campana* en que Zack se presentaba a delegado de clase.

—Voy a presentarme a delegado del curso —les dije a Choli y a Joe.

En un arranque de genialidad, Joe contestó:

—¡Tu campaña debería llamarse Operación Rafa!

Por supuesto, estaba haciendo referencia a una de sus bandas favoritas de punk de todos los tiempos: Operation Ivy.

Poco después de aquella brillante sugerencia, la Operación Rafa estaba en marcha. Reuní a Choli, Napo y Joe y empezamos a hacer afiches. Joe era un muy buen artista y, por lo tanto, se encargaba del diseño gráfico de la campaña. Choli se veía duro, así que estaba a cargo de la seguridad. Teníamos afiches gigantes con la imagen de un hombre *moshing* junto a las palabras «Operación Rafa». Era imposible que alguien entendiera lo que significaba el cartel, pero daba igual. Nosotros lo entendíamos.

Por supuesto, no podíamos comportarnos de forma normal y colgar los afiches durante nuestra hora libre, hubiese sido demasiado aburrido y lo opuesto a lo que haría Zack. No. Necesitábamos un anuncio explosivo de la campaña. Choli, Napo y yo nos escapamos de nuestras casas un domingo tarde por la noche y manejamos hasta la escuela con los faros apagados. Joe no nos acompañó porque era mayor de edad y pensamos que sería mejor que no anduviera rondando por una escuela cerrada. Choli, Napo y yo saltamos sobre la verja de la escuela y fuimos hasta el patio. Y que conste que aquella fue la primera vez que saltaba una verja en la vida.

Los chicos y yo corrimos por la escuela, cada uno con sus propias cinta adhesiva y cartulina, y la empapelamos con los afiches de la campaña. Los colgamos en la entrada del gimnasio, justo a la salida de la cafetería, en las paredes del despacho del director... por todas partes. Quizá hubiera alumnos que no me conocían, pero, a partir del lunes por la mañana, conocerían mi campaña presidencial.

El lunes por la mañana, estaba en la ducha cantando «All by Myself» de Céline Dion cuando vi una botella de champú abierta. Nadie puede culparme. Era el primer día oficial de mi campaña y tenía mucha energía contenida que necesitaba liberar. Pero, sin yo saberlo, la ventana de la ducha estaba abierta de par en par. Así que, cuando puse el champú a trabajar en algo que no era mi cabello, inadvertidamente miré a Ramón directamente a los ojos a medio bombeo. Ramón apartó la mirada y gritó una disculpa en español. Yo le grité a Ramón que dejara crecer el seto y cerré de un golpe la ventana.

Los chicos y yo llegamos a la escuela y me descubrí siendo el centro de atención. Un alumno se me acercó y preguntó:

—¿Vas a dar una fiesta o algo?

Maldición. Supongo que hacerme el gracioso con el eslogan no fue una buena idea. Otro alumno preguntó si Operación

Rafa era un concierto que estábamos organizando. Me desanimé un poco. Todo ese trabajo para que nadie entendiera qué diablos estábamos haciendo. Fue entonces cuando Sally, una genio asiáticoamericana y la envidia de todos los alumnos de ubicación avanzada, se me acercó y dijo:

—Operación Rafa. Me gusta. Votaré por ti.

¡Sí! Los inteligentes lo entendían. ¡Que Dios bendiga a los inteligentes! Unos cuantos incluso me dieron su apoyo ahí mismo. En realidad, nadie sabía qué era la Operación Rafa, pero todos sabían que querían formar parte de ella.

Estaba pensando en mi candidatura durante mi clase de Historia Americana cuando el señor Demke, mi ligeramente neurótico pero muy sensato profesor de cincuenta años, dijo algo que me caló hasta la médula. Estaba frente al pizarrón, hablando sobre el motín del té y la protesta de las colonias por los impuestos del Parlamento británico sobre el té, cuando me miró directamente y dijo:

—Por eso se declaró la Revolución de las Trece Colonias... porque no puede haber tributación sin representación.

¡¡¡CARAJO!!!

En este país no pueden hacerte pagar impuestos sin representación. ¡Por supuesto! Lo que el señor Demke había dicho me voló la cabeza. Por fin había hecho que encajaran las piezas del puzle. ¿Cómo nadie había visto esto antes? Mis padres eran «ilegales», pero pagaban religiosamente sus impuestos. Lo sabía porque el momento del año en que eran más felices era cuando recibían sus cheques anuales de devolución de impuestos. Mis padres pagaban el impuesto sobre la nómina y sobre la propiedad y también declaraban sus impuestos del estado y federales, y nos veíamos obligados a pagar un impuesto sobre la venta cuando salíamos. Pero eran «ilegales» y no podían votar o formar parte de nuestro proceso político. ¡Eso significaba que mis padres —como todos los esforzados trabajadores indocumentados de los Estados Unidos— estaban siendo obligados a pagar impuestos sin representación! La Revolución de las Trece Colonias se basó en lo mismo y, sin embargo, este país nos lo estaba haciendo a nosotros.

Ahora más que nunca, estaba decidido a ganar. Hice una campaña muy dura. Me presentaba contra dos chicas sobrecalificadas que habían participado en el consejo estudiantil desde primer año. Yo había aparecido de la nada con afiches estridentes y un eslogan chévere. No tenía programa, sólo la infinita necesidad de ser amado por todos. ¡Estaba hecho para la política! Las chicas contra las que me presenté hicieron mucha presión para que nos enfrentáramos en un debate, pero la escuela no tenía ni tiempo ni recursos. Los alumnos tendrían que decidirse únicamente según nuestros afiches y nuestras amigables actitudes. Mi lema era fácil: «Sólo soy uno de ustedes». Además, la actual delegada del último curso, Vanessa, una brillante joven de color, era la mejor amiga de mi prima Diane. Su apoyo selló el destino de mi campaña.

Gané la votación por goleada. No hizo falta una segunda vuelta. No hubo ninguna acusación de votos mal contados. Me sentí mal por mis dos oponentes. Eran mejores estudiantes que yo y habían estado mucho más implicadas en la preparatoria hasta entonces. ¡Era como si, literalmente, les estuviera quitando el trabajo! Quiero dejar claro que no *quería* ser delegado. *Necesitaba* serlo. Me presenté porque estaba indocumentado y necesitaba desesperadamente el amor de mi comunidad. De ninguna manera iba a perder aquellas elecciones. Todavía ahora me pregunto si me hubiese presentado a delegado de haber tenido papeles.

La presidencia ilegal

No todos mis amigos pretendían ir a la universidad. La mayoría quería ganar plata tan pronto como el sistema educativo público les permitiera abandonarlo. Tommy era distinto, le importaba mucho su educación superior. Así que, al terminar el tercer año, Tommy y yo trabajamos sin descanso para tener listas nuestras solicitudes de ingreso a la universidad a tiempo para las fechas límite. Estuvo genial tener un amigo con quien rellenar todo el papeleo. Mis padres no entendían nada del proceso de aplicación para la universidad americana o, a decir verdad, si tan siquiera podría asistir a la universidad. Apliqué de todos modos. Traté de no pensar en las consecuencias. Tommy y yo depositamos nuestras solicitudes rellenadas en el buzón al mismo tiempo.

Al empezar mi último año, por fin definí mi identidad. Me dejé crecer de nuevo mi cabello natural. No podía trabajar legalmente, no podía manejar legalmente, no podía salir del país por motivos legales, pero era popular en la escuela y eso era lo único que me importaba. Era el delegado del último curso y casi todo el mundo sabía mi nombre.

La presidencia ilegal

En casa, mi papá y yo seguíamos sin entendernos. Mi mamá trataba de suavizar las cosas entre nosotros, pero no servía de nada. Éramos como dos perros alfa viviendo bajo el mismo techo: la coexistencia era casi imposible. Por no hablar de que el humor de mi papá empeoró cuando mi abuela materna de setenta años vino a vivir con nosotros. Tras la muerte de mi abuelo, mi abuela empezó a pasar periodos de varios meses seguidos con cada uno de sus hijos en California y esos meses de otoño en particular eran nuestro turno.

Una mañana, mientras me miraba al espejo de mi dormitorio, mi abuela entró sosteniendo una planta de sábila. Trató de aplicarme un poco en el cabello, pero logré esquivar todos sus avances cual Óscar de la Hoya. Siempre me he enorgullecido de tener un juego de pies bastante bueno. Aunque todo el mundo de la familia la conocía como «Mami Viola», a mí me dejaba llamarla «abuelita», un privilegio que no había concedido a la mayoría de sus otros nietos.

—Abuelita, ¿cómo me veo?

—Te ves bien —dijo, algo incómoda—. Pero ¿por qué te pones toda esa chatarra procesada en el cabello?

Temía que perdiera mi hermoso y ondulado cabello negro.

—Acepta tus rizos —dijo, tratando de aplicar de nuevo sábila en mi cabello, pero sin lograr alcanzar a tiempo mi cabeza. Era bastante más alto y mucho más rápido—. Muy bien —se rindió al final—. Pero por lo menos póntelo debajo de los ojos para que te brille la piel.

La sábila era, sin duda, la panacea para mi abuela.

Mientras aplicaba aquella fresca y natural pomada bajo mis ojos, me pregunté en voz alta:

—¿Por qué es tan importante que tenga la piel bonita?

—Para que puedas atraer a una buena joven y te cases este año —aclaró.

Me reí. Estaba a dos meses de cumplir diecisiete años. No necesitaba casarme.

—Estoy casado con el juego —dije con la esperanza de que mi abuela entendiera mi argot callejero.

—¡Qué juego! El matrimonio no es ningún juego. Y no deberías esperar demasiado.

Después, le dio un mordisco a su planta porque aseguraba que era buena para la digestión.

Aquel día en la escuela, nos reunieron a los alumnos del último curso en un seminario para mostrarnos cómo rellenar la FAFSA, la solicitud gratuita para obtener una beca federal. Como delegado del último curso, mi asistencia era obligatoria. Sonreí durante toda la presentación, aun sabiendo perfectamente que yo no podría aplicar a la FAFSA.

Tras la Operación Rafa, me volví conocido en la preparatoria. Empezaba a ser popular y me encantaba porque me hacía sentir menos como una mancha en nuestro sistema migratorio. Cuando llegó el baile formal de invierno, fui escogido como miembro de la corte. Una de las ventajas de esa posición era que no tenías que pagar por el esmoquin si aceptabas hacer un desfile de pasarela para todo el alumnado a la hora de comer. En ese evento, aprendí que los famosos nunca tienen que pagar por nada.

Más adelante, me coronaron rey de nuestro primer baile escolar oficial. Por si eso no bastara, cuando llegó el baile de graduación al final del año también fui escogido como miembro de la corte. La profesora encargada de validar el conteo de los votos de los alumnos me llevó a un lado y, algo molesta, me dijo:

—También te han escogido para la corte del baile de graduación, pero no está permitido que un alumno forme parte de ambas cortes.

Sabía que mentía porque no había ningún estatuto que regulara las votaciones para las cortes de los bailes escolares, pero lo dejé pasar. Técnicamente, ya era el rey.

Una semana más tarde, recibí dos cartas importantes en casa. La primera era de Columbia House para ofrecerme doce CD por un centavo. ¡Aquello me pareció extraordinario! Sólo en América podían encontrarse ofertas tan buenas en música... como el resto de quienes nos criamos en los noventa, pero después me di cuenta de que había sido un engaño. Aquello era el precursor de Spotify y Apple Music y, como ellos, al final sólo dañaba a los artistas. La segunda carta era de la Universidad de California en Irvine. Contuve la respiración antes de abrir aquel mensaje oficial. Ser aceptado en una universidad era la última pieza del puzle para convertirme en el típico estudiante americano y guardaba la secreta esperanza de que las universidades a las que había aplicado vieran más allá de mis problemas de inmigración, de que me aceptaran por todos mis logros en el instituto. ¡Por Dios! Era el rey del baile formal de invierno, el delegado del curso y un estudiante del cuadro de honor. *¿Qué* *universidad no va a quererme?*, pensé mientras abría la carta, sólo para encontrarme un mensaje que decía: «Es usted el candidato perfecto, pero ¿podría, por favor, comunicarnos su número correcto de la Seguridad Social?». A pesar de todas mis esperanzas y deseos, seguía siendo el típico estudiante americano de preparatoria en todo menos en un pequeño detalle: no era americano en absoluto.

Mi papá llegó de trabajar aquella noche y me encontró deprimido, sentado a la mesa de la cocina. La carta de la universidad estaba abierta frente a mí. Normalmente nos hubiésemos ignorado mutuamente, pero, por algún motivo, abrió una cerveza y se sentó junto a mí. Agarró la carta, la hojeó y volvió a dejarla donde estaba.

—Fui a la oficina de la Seguridad Social el año pasado —me dijo con un tono más suave de lo habitual—. Les dije que no te sacamos un número de la Seguridad Social cuando llegamos a este país y que no deberían castigarte por mi error. Dijeron que no podían hacer nada, pero me dieron un número de identificación del contribuyente para ti.

—¿Qué es eso?

—No termino de entenderlo. Supongo que para pagar impuestos.

Lo escuché con atención porque sabía perfectamente que entrar en un edificio federal era uno de sus mayores miedos.

—Vine aquí para ser médico —me explicó mi papá—. Vine a esta tierra para salvar las vidas de los niños. Pero aquí no puedo hacerlo. El Sueño Americano del que todo el mundo habla no es para mí. A lo mejor lo será para ti. Si no, quizá debamos regresar.

Aquella noche, tuve la peor pesadilla de mi vida. Estaba en la clase de Matemáticas sintiéndome abatido y apático cuando precisamente MJ se inclinaba hacia mí desde el pupitre de atrás y me preguntaba si estaba bien. Yo no le contestaba. Estaba disgustado. ¿Por qué querría ninguna chica estar conmigo ahora que no tenía el sello gubernamental? Pero entonces me susurraba: «Mis padres no están. ¿Quieres venir a casa después de clase?».

Salía de mi depresión y decía: «Sí, sí que quiero».

En ese momento, la puerta del aula se abría violentamente y siete agentes de inmigración entraban en la sala ataviados con todo el equipo militar, con las armas desenfundadas y gritando: «¡Esto es una redada de inmigración!».

Me desperté empapado en sudor. Algo desorientado, observé mi dormitorio, aliviado de que todo hubiese sido una pesadilla. Miré por la ventana y vi a Ramón podando el seto. Me miró y me saludó tocándose el sombrero sin alegría, como si supiera lo que estaba pensando.

La congregación del campus

West Covina High School tenía un alumnado ampliamente multicultural en el que los populares eran asiáticoamericanos, los alumnos de ubicación avanzada eran afroamericanos y los surfistas que fumaban marihuana eran latinoamericanos. Nuestro alumnado no apoyaba ningún estereotipo. Parecía que en aquel lugar se juntaba todo el mundo. Bueno, casi todo el mundo.

En la preparatoria, había un grupo de alumnos sobresalientes mayoritariamente blancos que me resultaban fascinantes. Destacaban en sus estudios y eran muy educados, pero parecían, en general, retraídos. No todos ellos, por supuesto. Solo la *crème de la crème*. Como delegado del último curso, era mi deber interactuar con todo el mundo, pero, por Dios, la delegada del tercer curso y su cohorte de americanos de sangre pura eran intratables. Se llamaba Susie y era la perfecta futura primera de la promoción. Su familia llevaba muchos años en West Covina. Estoy seguro de que llegaron mucho antes de que el lugar se volviera tan diverso. Si había alguna actividad competitiva entre el tercer y el último curso, Susie y sus compañeros siempre ganaban. El desfile de la reunión de exalumnos, el almuerzo del juego de la soga, la competición de porristas en la asamblea escolar. Llevaban el sobresalir a otro nivel.

Una mañana, tras la reunión general del Consejo Escolar, Susie me invitó a acompañarla a la congregación del campus. Como el 85% de latinoamericanos, me crie católico. Jesús de Nazaret no era alguien a quien recurriera en mi día a día, pero lo tenía grabado en mi psique. ¡Sabía recitar las principales oraciones católicas en español incluso antes de saber español! La congregación cristiana del campus sonaba como la versión en inglés de las tradiciones con las que me había criado.

Fui a mi primera reunión de la congregación, que se celebró en mi antigua aula de carpintería durante la hora del almuerzo. Cuando miré a mi alrededor, no tardé en darme cuenta de que ahí era donde se reunían todos los alumnos sobresalientes blancos y algunos de los latinos que podían pasar por blancos. Ahí estaban todos: el luchador estrella, el alumno de teatro estrella, la mayoría del Consejo Escolar y Susie. Todos parecieron sorprendidos, e incluso algo eufóricos, de verme ahí. Los chicos me estrecharon la mano y algunas de las chicas me abrazaron. Era un ambiente agradable y acogedor. Dieron comienzo a la reunión con una oración y pasaron directamente a discutir cómo el secularismo era una peligrosa amenaza para nuestra nación. *¿Eh?*, pensé. Curioso. Por aquel entonces, estaba escuchando mucho a Rage Against the Machine y a Public Enemy, así que pensaba que la mayor amenaza para nuestra nación era la oligarquía financiera que controlaba al

Gobierno de los Estados Unidos, lo que significaba que, por lo tanto, debíamos quitarles la plata a los políticos. *¿Secularismo?* Nunca había considerado que pudiera ser una peligrosa amenaza para los Estados Unidos de América. Qué inocente por mi parte. A decir verdad, ni siquiera sabía lo que significaba «secularismo». Pero me encantaba la energía positiva con la que me habían dado la bienvenida al grupo, así que les seguí el juego.

—Abajo el secularismo —dije mientras hacía una nota mental para buscar la palabra en el diccionario (recuerda que todavía no había *smartphones*) cuando terminara la reunión.

Entonces, anunciaron que irían a Tijuana al mes siguiente para trabajar en un orfanato local. Sonaba como un viaje fantástico en el que me habría encantado poder participar, pero al que, por motivos evidentes, no podría asistir. Antes de irme, Susie me invitó a acompañarla al servicio del martes por la noche en una iglesia cristiana. Me dejó anonadado. Para mí, la misa era temprano por la mañana, los domingos y siempre en español. ¿Un martes por la noche?

—Sí, es muy divertido —dijo una Susie exultante.

—Dale, iré.

Fui a la misa cristiana y Susie no mentía. La Iglesia de Jesús un martes por la noche fue divertida. Estuvo muy animada y vino a tocar una banda de *rock* en vivo. Fue casi como un miniconcierto. Resultó que un mar de adolescentes blancos bailando *rock* en un espacio seguro en honor a su señor y salvador Jesucristo era divertido. No eran Zack de la Rocha ni Tom Morello, pero la banda cristiana sin duda redefinió mi idea de lo que podía ser ir a misa. Nos abrazamos entre todos. Chocamos los cinco. Fue maravilloso.

Cuando llegué a casa, mi mamá me preguntó dónde había estado. Irónicamente, por aquel entonces trabajaba en el Della Martin Center en el Huntington Memorial Hospital de Pasadena. Della Martin fue una joven perteneciente a una familia rica que pensó que, de niña, tenía una enfermedad mental y la ingresó de por vida en un manicomio. Soltaron a Della con setenta y tres años y heredó diez millones de dólares de su hermano. El motivo oficial para ingresarla fue porque la consideraron una «fanática religiosa».

Le dije a mi mamá que acababa de ir a una «misa cristiana».

—¡Qué bello! —me contestó con cierto tono de reserva porque, para ella, a Jesús había que vivirlo en español.

Curioso, le pregunté:

—¿Qué diferencia hay entre católicos y cristianos?

Mi mamá se lo pensó un momento, pero tampoco parecía saberlo.

—Lo único que importa es que todos adoremos a Jesús.

—Pero ¿no somos los católicos cristianos?

—Claro —me dijo mi mamá, dejándome más confuso que al principio de la conversación.

Llegué a la escuela a la mañana siguiente con una sonrisa de oreja a oreja, todavía embriagado por el Dios del martes por la noche. Me di cuenta de que todos los chicos que vi en la misa la noche anterior no parecían tan felices. No sonreían ni abrazaban a nadie, ni siquiera a mí. Nadie chocaba los cinco. Parecían lastrados por el peso del nuevo día. Pero... ¿ni un solo choque de manos? Me crucé con Susie y le di las gracias por invitarme. Se alegraba genuinamente de que hubiese asistido. Entonces, le pregunté:

—Por cierto, ¿de qué rama del cristianismo es la congregación del campus?

—Sólo somos cristianos.

—Lo sé —contesté—, pero ¿de qué denominación?

—De ninguna. Sólo cristianos.

—Sí —insistí—. Yo también me crie como cristiano, pero católico. ¿Qué es la congregación del campus?

Susie parpadeó unas cuantas veces, desconcertada ante mi pregunta. Entonces sonrió —primera sonrisa del día— y me dejó ahí. Curioso, fui a buscar a mi antiguo profesor de carpintería, quien albergaba en su aula las reuniones de la congregación del campus. Era un alegre señor mayor blanco. Le hice la misma pregunta que a Susie. Orgulloso, me explicó que eran protestantes evangélicos.

—Chévere —dije—. Sentía curiosidad. Ah, una última cosa, ¿por qué es tan malo el secularismo?

—La separación de la Iglesia y el Estado no está bien. Es el motivo de toda la decadencia moral en la Casa Blanca.

Mi profesor de Carpintería se refería al escándalo de Bill Clinton en que el presidente había presionado a una joven para mantener relaciones sexuales con él en el Despacho Oval.

—Ya, lo entiendo —dije.

En realidad, no lo entendía. Era demasiado joven y, por aquel entonces, no había suficiente internet de banda ancha para investigar en mayor profundidad. Le di las gracias y seguí con mi día. Me desconcertaba un poco cómo se contradecía lo que estábamos aprendiendo en clase de Historia Americana con lo que predicaba la congregación del campus. Los padres fundadores de los Estados Unidos insistieron en el secularismo (es decir, la separación de la Iglesia y el Estado) precisamente porque consideraban que aquello era la clave para un gobierno fuerte. Así que oponerse al secularismo me parecía antiamericano. Pero, de nuevo, yo no era americano así que, ¿quién era yo para juzgar?

En el Della Martin Center, mi mamá llevó a dar un paseo a una anciana blanca que sufría de demencia. A mi mamá le gustaba la agradable música que tocaban afuera en un piano algunos pacientes que se estaban recuperando de su drogadicción. En mitad del paseo, la anciana miró a mi madre aterrada. Exigió saber qué estaba haciendo:

—Está tratando de raptarme, ¡¿verdad?!

Mi mamá trató de calmar a la paciente, pero fue imposible. La señora tuvo un ataque de ansiedad, agarró un cenicero de metal que tenía cerca y se lo estampó en la cara a mi mamá. El cenicero la alcanzó entre los ojos, abriendo una arteria. Tras el impacto, la sangre empezó a brotar a borbotones. Cegada por el dolor, instintivamente se centró en ayudar a la anciana, en lugar de ayudarse a sí misma. Con la sangre salpicando por todas partes, a esas alturas ya era casi imposible calmar a la paciente. Mi mamá podría haber denunciado al hospital. Como mínimo, podría haber recibido una indemnización. Pero no quiso nada de eso. Era una trabajadora indocumentada y tenía demasiado miedo como para luchar por cualquiera de sus derechos laborales. Pero, más allá de eso, le bastaba con que su paciente se hubiese calmado.

En casa, me quedé consternado al ver a mi mamá cubierta de vendajes. Me cabreaba que no pudiera ir al hospital. En cambio, tuvo que ocuparse de curarla mi papá cirujano pediátrico. Ella insistía en que estaba bien.

—Démosle las gracias a Dios de que nadie haya salido gravemente herido —dijo mi mamá con los ojos tan inflamados que ya no podía ni abrirlos.

Como podrás imaginarte, mi madre fue al trabajo al día siguiente con puntos, la cara cubierta de vendas y viéndose como un mapache. Aquello era su vida en el Della Martin Center.

A la mañana siguiente, en la escuela, me senté junto al árbol del patio reservado para los alumnos de último año, pensando en la cara amoratada de mi madre. Observé cómo los miembros de la congregación del campus se paseaban sin hablar con nadie que no fuese como ellos. Estábamos en la preparatoria. Nadie salía de su grupo. Yo tampoco. Pero algo cambió en mí aquella mañana. Decidí que quería recibir mejor a otras personas en mi círculo. No quería comportarme de una manera con la gente a la que amaba fuera la escuela y de otra con la gente de mi clase. Tenía que ser mejor y más compasivo con todo el mundo a mi alrededor. Mi madre lo era. Le habían dado una golpiza en la cara con un cenicero de metal y, sin embargo, se había mostrado profundamente compasiva con la señora que le había causado semejante dolor. Todavía me quedaba mucho por aprender sobre cómo crear mi propio paraíso terrenal. Un paraíso que, por cierto, con suerte no requeriría prueba de ciudadanía.

Liberen a Rafa

En una muy tranquila noche de primavera, estaba con Choli y Tommy en mi dormitorio. No estábamos haciendo nada, pero el peso de no poder hacer cosas que los chicos normales sí podían me tenía deprimido. Entonces, Tommy dijo que tenía que irse a casa y yo contesté:

—¡Te llevo!

Choli y Tommy se miraron, preguntándose exactamente cómo pretendía hacer eso.

Comportándome con toda la naturalidad posible, fui a la cocina y le pregunté a mi mamá si podía tomar prestado su auto. Se asustó con razón porque no tenía licencia, pero, al mismo tiempo, se sintió mal porque sabía que ya tenía la edad para tenerla. Le supliqué que me dejara llevar a Tommy a su casa:

—Por favor... es sólo ir hasta el final de la calle.

Cedió.

Tommy vivía a diez minutos de mi casa y los breves primeros cinco minutos fueron los más emocionantes de mi vida de alumno de preparatoria. Me sentí libre. Me sentí como si nada fuera imposible, ni siquiera ser un adolescente americano normal llevando a uno de sus mejores amigos a su casa. Entonces, las luces de una patrulla se reflejaron en mi retrovisor. Escuchamos el chirrido de las sirenas de policía. Los chicos y yo nos miramos aterrados. Había estado manejando dentro del límite de velocidad. No había motivo para detenernos. Como no tenía elección, estacioné el auto de mi mamá.

El musculoso agente de policía blanco anduvo hasta el auto, se inclinó por la ventana del conductor e iluminó con su linterna más allá de mí, directamente sobre la cara de Choli, que iba sentado en el asiento del copiloto. Choli entornó los ojos sin entender qué estaba ocurriendo. El agente empezó a asaltar a Choli con sus preguntas:

—¿Qué estabas fumando? ¿Adónde vas? ¿Qué has tirado antes por la ventana?

Quiero aclarar que Choli no estaba fumando y que tampoco lanzó nada por ninguna ventana. Como yo, Choli sólo estaba disfrutando del viento primaveral mientras manejábamos despreocupadamente por West Covina. Pero, a diferencia de mí, Choli llevaba la cabeza pelada y tenía una facha agresiva. A finales de los noventa en West Covina, aquello significaba que era un pandillero. Y eso era motivo suficiente para que nos detuviera la policía.

Choli contestó educadamente a todas las preguntas, explicando que no estaba tramando nada. Eso era claramente un caso de discriminación racial y el agente iba por Choli. Por un segundo, creí que iba a librarme de que me pidiera la licencia. Me sentía muy mal por mi primo, pero, a diferencia de mí, él no corría el riesgo de ser deportado. Cuando el policía vio que no iba a sacar nada de Choli, se rindió y se paró derecho. Entonces, me pidió: «La licencia y el registro del auto».

Mierda. Mi madre nunca me había dicho dónde guardaba los papeles del auto, pero había visto bastantes películas y series de televisión para saber que deberían estar en la guantera. Gracias a Dios, acerté. Le di los papeles al agente junto a mi carné de la escuela, que era el único documento de identificación que tenía entonces. Bueno, eso y mi carné de la biblioteca pública. El agente se quedó mirando mi amplia y cursi sonrisa en mi carné de West Covina High y volvió a pedirme severamente la licencia de conducir. No tuve más remedio que confesarle que no tenía.

—Por favor, salgan todos del vehículo.

Nos sentamos en la fría acera con las manos detrás de la espalda como si fuéramos delincuentes. Es cierto que mi presencia en los Estados Unidos era cuestionable, pero Choli y Tommy no habían hecho nada malo. Eran buenos chicos. También ayudaba que tuvieran sus licencias de conducir. Yo era el único que no tenía nada y el agente no lograba entender por qué. Se enojó:

—¿Por qué no tienes ni siquiera un carné de identidad de California?

No sabía qué decir, así que me disculpé. Le dije que no me había dado tiempo de solicitarlo entre el trabajo y la escuela, lo que era parcialmente cierto. Añadí que podía llamar a mi escuela para confirmar que era alumno ahí. Eran las siete y media de la noche. Sabía que no podía llamar a la escuela. Le expliqué que era el auto de mi mamá y que me había dejado tomarlo prestado por una emergencia. Que, de hecho, iba de regreso a casa. El agente no me creyó, así que me pidió el teléfono de mi casa para llamar a mis padres. Mierda.

Con los tres sentados en la acera, incapaces de comunicarnos, vimos pasar a unos cuantos vecinos, que frenaban para observarnos y juzgarnos. Me daban igual los chismosos. Sólo me importaba que mi papá todavía no hubiese llegado a casa. Toda la ira del Departamento de Policía de West Covina no sería nada comparada con lo que me haría mi papá si descubría que me había llevado el auto de mi mamá a dar una vuelta.

Tras veinte insoportablemente largos minutos, el agente regresó de su patrulla. Dijo que había hablado con mi mamá y que había corroborado mi historia. Dios, ¡amo a las madres latinas! El agente dijo que iba a dejarnos marchar, pero con la condición de que fueran Choli o Tommy quienes manejaran porque ellos tenían licencias. Estaba exultante. Era como si el universo hubiese conspirado. ¿Para qué? No tenía ni idea. Supongo que para que no me llevaran preso. Entonces el agente añadió:

—Pero voy a multarte por manejar sin licencia y sin seguro.

—¿Cuánto es eso? —pregunté inocentemente.

—No lo sé. Tendrás que ir a consultarlo.

El agente sí lo sabía. Simplemente no quería decírmelo. Los dos cargos sumaban un total de mil dólares. Esa parecía ser la tarifa por ser un adolescente indocumentado: mil dólares. Salía costoso no tener papeles.

Al día siguiente, los chicos y yo estuvimos pensando y se nos ocurrió la estúpida idea de organizar una fiesta para conseguir la plata. Nunca habíamos cobrado por una fiesta, pero parecía un motivo lo bastante bueno para empezar. La pensamos como una fiesta de jardín para menores con mucho alcohol llamada: «LIBEREN A RAFA». Para el espacio, utilizamos la casa de un amigo; conseguimos a un DJ principiante (que, en realidad, sólo era un chico con una amplia colección de CD), mi primo Joe nos compró el alcohol y Yoko —quiero decir, Sandra— y sus amigas tuvieron la amabilidad de hacer de guardias, que no consistía en más que pararse en la verja del jardín de una casa.

Los chicos y yo nos pasamos una semana promocionando la fiesta en la escuela. La promoción consistió en volantes con ilustraciones dibujadas a mano de mí en la cárcel con un enorme y siniestro preso abrazándome por detrás. El preso, por cierto, estaba basado en el policía que me había puesto la multa. Los chicos inteligentes de la preparatoria se preguntaban si los volantes significaban que iba a presentarme a las elecciones a mitad de curso o algo por el estilo. Los inteligentes a veces pueden ser muy tontos. Les aclaré que no, que esta vez era una fiesta de verdad.

Sentado con mis panas en el gran jardín vacío, me sentía ansioso por si la fiesta no funcionaba. Era popular porque me gustaba estar con toda clase de personas en clase, pero no todos ellos eran alcohólicos como nosotros. Me escondí en la parte trasera de la casa casi toda la noche. Escuché llegar a algunas personas, pero no sabía decir cuántas. De nuevo, el jardín que había que llenar era muy grande. Cuando mis amigos por fin me encontraron en un rincón, me preguntaron que qué demonios estaba haciendo.

—Todo el mundo anda buscándote —dijo Sandra.

¿Todo el mundo? Salí y descubrí un enorme grupo de adolescentes menores de edad viviendo la farra de su vida. Llenaban de sobras el jardín. Todo el mundo había venido, incluso los inteligentes. Me quedé estupefacto. Mis panas y yo nunca habíamos organizado una fiesta y, sin embargo, logramos llenar la casa. En aquel momento supe que habíamos desperdiciado nuestra verdadera vocación como promotores de discoteca.

Aquella noche reunimos más de mil dólares. Pudimos pagar mi multa de tráfico, al chico con la gran colección de CD, a nuestro amigo que nos había prestado su casa y todavía nos sobró plata para llevar a todo el equipo a Boca del Río (el puesto de tacos más importante de West Covina... ¡y punto!). No podía creerme que toda la preparatoria hubiese venido al rescate aquella noche. Hasta hoy, mis compañeros todavía no tienen ni idea de que estaban ayudando a un alumno indocumentado desesperadamente necesitado. Supongo que los volantes con mis dibujos a mano en la cárcel con un enorme y amenazador hombre blanco a punto de aprovecharse de mí les llegaron al corazón.

Mi preparatoria me guardaba las espaldas. Aquella sensación de genuina aceptación era exactamente lo que había estado buscando desde el día en que descubrí que no era «legal». Fue entonces cuando se celebraron las votaciones para los superlativos del anuario. Ahora nos tocaba decidir quién era el «mejor» en cada cosa.

Algunos superlativos se adjudicaron naturalmente: Choli fue nombrado el más duro, Tommy el más testarudo y Sal la mejor personalidad. Yo, por otro lado, necesitaba mucho reconocimiento. Sabía que no era el más inteligente, ni el más atlético ni el más guapo del instituto. No tenía ninguna oportunidad en esas categorías. Pero había una que era lo suficientemente vaga para que yo pudiera ganarla: el Estudiante Más Completo. ¿Qué significaba ser el más completo? Nadie lo sabía, así que asumí que tenía tantas posibilidades como cualquier otro.

Entré en modo campaña por última vez. Estreché las manos de los deportistas, saludé al equipo de porristas y portaestandartes, e incluso besé a algunos bebés (pertenecientes a las cholas con inclinaciones académicas). Pero me enfrentaba a uno de los más bacanes de la secundaria: Daniel. Daniel era un chico hispano de piel blanca que, literalmente, era mejor que yo en todo. Era una estrella del básquet, sólo sacaba matrículas de honor y era un joven clásicamente atractivo. Daniel también era un alma buena. Y, precisamente por eso, supe que podía vencerlo. En las inmortales palabras de George R. R. Martin: «En el juego de tronos, o ganas o mueres». Daniel tenía que morir... metafóricamente hablando, por supuesto.

La guerra por ser el estudiante más completo estaba igualada. Si Daniel hubiese hecho algo de campaña —cosa que no hizo—, sin duda me hubiese ganado. Por Dios, si Daniel se hubiese sentido la mitad de inferior que yo por estar indocumentado, me hubiese destruido. Pero no lo hacía. Tenía confianza en quien era. Yo no. No con esa edad. Yo tenía un secreto que nadie fuera de mi familia o de mis panas conocía y, cuantos más elogios recibía, más pensaba que se alejarían de mí si descubrían la verdad. Era el rey del baile formal de invierno, un estudiante del cuadro de honor, el delegado del último curso y, ahora, el estudiante más completo. Lo siento, Daniel, siempre serás el más completo en mi corazón, pero no en el de todos los demás.

La consejera estudiantil me llamó para una última reunión. Era una bondadosa mujer madura a quien le importaban profundamente todos sus alumnos. Desafortunadamente para mí, esta consejera era blanca, así que no me sentía cómodo hablándole de mis problemas de inmigración. Me informó de que dos universidades la habían llamado preguntándole por mi número de la Seguridad Social. Revolviéndome en mi asiento, le dije que no se preocupara, que ya me estaba ocupando de eso. Satisfecha con mi respuesta, insistió en que sin duda debería ir a la universidad:

—Es el momento perfecto para estudiantes como tú gracias a la discriminación positiva.

Yo no sabía qué era la discriminación positiva.

Las cartas de admisión de las universidades empezaron a llegar. Los alumnos de último curso del Consejo Escolar ingresaban en Stanford, UC Berkeley y UC Irvine. A Tommy lo aceptaron en su primera opción, Cal State San Diego, dado que estaba resuelto a salir del valle de San Gabriel. Choli estaría algo más cerca porque iría a Cal State Fullerton. Casi sin opciones, empecé a buscar alternativas para mi educación superior y encontré un volante sobre el sistema de colegios universitarios de California. Eran tan baratos que no necesitaría FAFSA ni becas de la comisión de ayuda estudiantil de California, ni cualquier otro tipo de ayuda gubernamental que no pudiera pedir.

La administración de West Covina High me pidió que diera un discurso de graduación. No me lo pidieron porque hubiese sido el primero de la promoción. Me lo pidieron porque era costumbre que el delegado del último curso hablara en la ceremonia. Era ambicioso, ¡pero no tanto como para ser primero de promoción! Soñaba con pararme en el podio y anunciar que era «ilegal», con explicar que esa gente a la que tanto temían sólo estaba fortaleciendo la economía y rejuveneciendo la población activa, y que sus hijos pagarían por sus malditas pensiones cuando se jubilaran. Pero no hice nada eso. Tenía demasiado miedo. Como no conocía a ningún otro, estaba convencido de que era el único estudiante indocumentado de todo el país. No recuerdo qué dije en el podio. Estoy seguro de que se pareció a lo que dijo Zack Morris al graduarse de Bayside High. Pero recuerdo sentirme celoso al observar todos esos birretes y togas bermellones. Sí, me estaban escuchando, pero yo quería ser como ellos: poder graduarme de la preparatoria con un permiso de residencia y un número de la Seguridad Social; poder terminar mi educación de preparatoria con la promesa de un futuro americano ante mí. No tenía ni idea de lo que sería de mí después de graduarme. Quizá mi padre tuviera razón y nos viéramos obligados a regresar a Ecuador. Me dedicaron un aplauso y tomé asiento como estudiante de preparatoria por última vez.

El día después de la graduación, vagué aturdido por mi casa. Me sentía perdido. No sabía quién era si no era el delegado de clase. Entré en la cocina y vi que mi padre leía el periódico con una fotografía de Monica Lewinsky devolviéndole la mirada. Estaba leyendo sobre el escándalo sexual en la Casa

Blanca que implicaba a esa mujer muy joven (apenas una adulta) y dijo:

—Los presidentes americanos son tan malos como las marionetas que instalan en Sudamérica.

Mi futuro era incierto, pero una cosa estaba clara: varias presidencias habían llegado a su fin.

Fachada de macho

El verano después de graduarme fue la última época que los chicos y yo pasamos juntos como grupo. Después, nos mantuvimos en contacto, pero ya no fuimos la familia unida que habíamos sido en su día. Fue triste despedirme de todos mis panas cuando se fueron a la universidad, un lujo que yo no pude permitirme. Fue difícil ver a todo el mundo dar sus siguientes pasos en la vida y quedarme atrapado en casa. Pero no perdí la cara de póquer y les deseé a todos los mejor.

Entonces, llegó 1999 y mi mundo cambió para siempre.

Todo empezó la tarde del 24 de febrero, cuando me senté en el comedor para ver los Grammy. La emisión tenía excelentes actuaciones de la talla de Madonna o las Dixie Chicks, pero los historiadores de la música recuerdan esa gala sobre todo por la revolucionaria victoria de Lauryn Hill en la categoría de Álbum del Año, la primera vez que un artista de hip hop ganaba aquel codiciado premio. Sin embargo, lo único que recuerda el americano promedio que vio en directo —especialmente los latinos— la 41.ª edición de los premios

Grammy es al hombre que sería conocido para siempre como Ricky Martin.

Ricky cantó «The Cup of Life» en directo frente a una audiencia de americanos angloparlantes. Me quedé pegado al televisor en cuanto empezó. Mi mamá, que conocía la canción de escuchar la radio en español, entró corriendo tan pronto la oyó empezar. También era la canción oficial de la Copa Mundial de Fútbol de la FIFA, así que mi papá también se nos unió. Si eras latinoamericano, ya conocías la canción antes de los Grammy. Pero yo, como el resto de los Estados Unidos, estaba a punto de descubrir a su intérprete.

Fue anunciado por las trompetas, pero no fue revelado hasta que voltearon dramáticamente una de sus gigantes y brillantes piezas de atrezo cubistas al estilo de Pablo Picasso. Cuando Ricky empezó a cantar, fue evidente que estábamos ante una supernova personificada. Era un joven y atractivo puertorriqueño con una voz cautivadora, una belleza innegable y un asombroso control de su tren inferior. Mi mamá se quedó boquiabierta. Mi papá se revolvió incómodo en el sofá. A mí, sin embargo, me dio igual. La forma en que Ricky bailaba salsa sobre el escenario, la forma en que cantaba con semejante alegría, la forma en que tenía a toda la audiencia en la palma de su mano... era como si Ricky estuviese redefiniendo la sexualidad ante nuestros propios ojos. Estaba moviendo las caderas como le habían prohibido hacerlo a Elvis Presley en televisión hacía décadas. La audiencia del evento no podía dejar de animar a ese talentoso latino. Sabía que América estaba perdiendo la cabeza porque a mí también me estaba pasando. No me parecía a Ricky, pero sabía que aquellos movimientos estaban en mi interior. Eran la música y la pasión con las que me había criado toda la vida. En 1999, Ricky Martin era la clase de hombre que yo quería ser: seguro de sí mismo, talentoso y orgullosamente latino. Cada chica que conocía y que vio los Grammy aquella noche se volvió loca por él. Ricky Martin por fin me hizo sentir *sexy* sin tener que fingir que era Zack Morris.

Ricky Martin desencadenó lo que los medios terminaron por apodar «La explosión latinx». A las disqueras les faltaba tiempo para encontrar cantantes latinoamericanos para explotar el fenómeno Ricky Martin. La colombiana Shakira, el nuyorriqueño Marc Anthony, todos estaban trabajando en discos fusión. La estrella de cine en ciernes Jennifer Lopez se redefinió como la cantante J.Lo. Incluso europeos como el español Enrique Iglesias se aprovecharon. Los latinos estaban explotando en la industria musical y yo haría lo que fuera por sacar ventaja a esta nueva fascinación con nosotros. Me puse camisas más apretadas, me compré un gorro de lana como el de Enrique Iglesias, asistí a clases de salsa que nunca tuve intención de terminar. Pero no sirvió de nada. Iba a fiestas sin apenas llamar la atención. No conseguía que una chica me diera su número estilo «She Bangs». A nadie le importaba que fuese latino. El *sex appeal* de Ricky Martin no se me había contagiado.

Cuando asumí con tristeza que no iba a explotar como los latinos de la MTV, finalmente, me obligué a inscribirme en mi colegio universitario local: Mt. San Antonio College. Resultaba que todo mi esfuerzo en la preparatoria había dejado de importar en cuanto me gradué. Desesperado, apliqué para recibir ayuda financiera y me la denegaron con la misma velocidad por estar indocumentado. Me vi obligado a pagarme la universidad de mi bolsillo, lo que significó que el colegio universitario era mi única opción. No olvides que mi papá me había avisado de que tendría que ir a la universidad y de que tendría que pagármela yo. Al parecer, los colegios universitarios son la forma de hacer feliz a un padre inmigrante tacaño. Y todavía tenía que trabajar bajo cuerda en el videoclub para poder pagarme yo mismo el costo de la matrícula. Es terrible que la educación superior sea tan costosa en este país y, peor, que sean principalmente las minorías las que terminan arruinadas por su culpa. Pero, sin embargo, fui a unirme a ellas.

Casi todo mi grupo de West Covina High School fue a las universidades de Cal State, que eran más baratas que el sistema de la Universidad de California; el mismo rigor académico, pero sin el elitismo. Sin embargo, Napo, Sal y yo no nos movimos. Los tres hicimos la excursión a Walnut, California, para asistir a la Universidad de Walnut. ¡Pero eso no existía! No era más que la forma que teníamos de referirnos al Mt. San Antonio College, o Mt. SAC para abreviar. No le recomiendo a nadie mandar un mensaje de texto con «Mt. SAC» a un profesor de la universidad porque el autocorrector siempre lo cambiará a «mete saca». Es muy incómodo.

Mete saca —quiero decir, Mt. SAC— estaba a un viaje en autobús de distancia de mi casa. Me había pasado la adolescencia despreciando el transporte público y a todos los inmigrantes ancianos, empleadas, niñeras y trabajadores mal pagados que se veían obligados a ir en autobús, y ahora era uno de ellos.

No era fácil abrirme camino en Mt. SAC sin número de la Seguridad Social. Cuando fui a tomar mi prueba de nivel de inglés, me lo pidieron, así que, desesperado, me inventé uno. Después, cuando fui a mi prueba de nivel de matemáticas, olvidé el que había utilizado, así que, cabreado conmigo mismo, me inventé otro. Como resultado, sin darme cuenta me metí en un problema más grave. Había creado dos Rafael en Mt. SAC: uno al que se le daba bien el inglés, pero mal las matemáticas, y otro al que se le daban bien las matemáticas, pero mal el inglés. Recuerdo acercarme tímidamente a mi profesor de Matemáticas de refuerzo de la universidad y decirle que no pertenecía a aquella clase, a lo que él me contestó:

—Lo sé, hijo, nadie debería estar en esta clase.

Era como haber vuelto a la primaria, lo que tenía todo el sentido del mundo porque era una clase de refuerzo.

Tardé todo un semestre en entender el error que había cometido. Sabía que había algún motivo por el que no se me permitía apuntarme a materias de nivel superior, pero me daba miedo hablar con gente de la universidad por si me denunciaban a las autoridades. Aun así, no me quedó más remedio. O bien superaba mi miedo incapacitante a compartir la verdad sobre mi situación migratoria, o bien seguía en el colegio universitario hasta que ambos Rafaeles hubieran terminado su grado de asociado. Tenía que solucionar el problema de los dos Rafaeles. Respiré hondo y pedí una cita para reunirme con un consejero de la universidad. Me asignaron a una increíblemente empática consejera nipoamericana llamada Audrey Yamagata-Nogi. La señorita Yamagata-Nogi había dedicado toda su vida a ayudar a las jóvenes mentes en ciernes que habían recorrido los pasillos de Mt. SAC. Los estudiantes indocumentados no éramos habituales por aquel entonces. Según los futuros proyectos de ley del estado, como la AB540, que se implementarían para apoyarnos, debía de haber otros indocumentados, pero todos lo ocultábamos. Por lo tanto, me paralizaba el miedo a ser deportado si admitía ser uno de ellos. Me hice el bobo con la señorita Yamagata-Nogi, diciéndole que no sabía por qué no tenía número de la Seguridad Social. Había sido una sorpresa para mí. *Ejem, ejem.* Pero le dije la verdad sobre que tenía un número de identificación del contribuyente. Por si estás llevando la cuenta: no se me permitía estar en este país, pero, mientras estuviera aquí, debía pagar impuestos. De nuevo, la Revolución de las Trece Colonias se basó en la idea de que no podía haber tributación sin representación. Pero estoy divagando.

La señorita Yamagata-Nogi sopesó la situación. Era evidente que el Gobierno federal sabía que estaba ahí porque me habían asignado un número de identificación del contribuyente. Pero, de nuevo, ¿qué alumno no tenía número de la Seguridad Social? Empecé a respirar con dificultad. Ya tenía dieciocho años y, como adulto, temía correr un riesgo mayor que cuando era un menor en la preparatoria. Pero, con un ademán de su bolígrafo, la señorita Yamagata-Nogi arregló todos mis problemas legales en el colegio universitario mediante una sencilla solución:

—Voy a asignarte un número de identificación de Mt. SAC. Úsalo para todo mientras estés aquí.

Mi reacción la dejó atónita. En toda la historia de las reuniones con consejeros en Mt. San Antonio College, estoy convencido de que ningún otro alumno había hecho nunca un baile de la victoria al recibir un número de identificación de Mt. SAC. Si era consciente de mis problemas legales, nunca me lo dejó intuir. Por ahora, todo parecía volver a estar bien encaminado.

Cuando logré unir a los dos Rafaeles, pude acceder a las materias convalidables con el sistema de la Universidad de California. Como tenía un retraso de un semestre en mi educación, empecé a alternar colegios universitarios. Mi prima Diane estaba adelantándose en sus materias en Cal State Fullerton asistiendo también a Citrus College, un colegio universitario donde su antiguo consejero del instituto, el señor Burmingham, era profesor de Inglés. ¿Te imaginas tener que ejercer de profesor en un colegio universitario como complemento a ser consejero de escuela a tiempo completo porque no te pagan lo suficiente? Como dice el dicho: quien vale, vale; quien no, necesita al menos tres trabajos para sobrevivir mientras el que «vale» despluma a la clase trabajadora. Estoy parafraseando.

Así que, utilizando mi número de identificación de Mt. SAC en lugar de mi número de la Seguridad Social, me inscribí también en Citrus Community College. En aquella época, un alumno no podía cursar más de dieciocho créditos por semestre en un colegio universitario en el estado de California. Al inscribirme en dos, aquel semestre pude cursar veinticuatro. En otras palabras, no tenía vida. Entre la universidad y el videoclub, mis panas nunca me veían. Con la vida que llevaba estaba quemando la mecha por ambos lados. Y entonces me inscribí a un tercer colegio universitario.

Durante todo este proceso, mi vida americana estaba en un

limbo, incluso más que antes. Mis padres habían tenido la esperanza de que nos concedieran la residencia permanente antes de que terminara la preparatoria, pero no ocurrió. Estaba en el colegio universitario haciendo tiempo mientras esperaba a que el programa de reunificación de los Estados Unidos (o, como lo llamó el cuadragésimo quinto presidente, «mi tercer par de suegros») hiciera su trabajo. El proceso llevaba trece años en marcha y seguíamos esperando. Aquel purgatorio migratorio, la idea de que quizá debía esperar cinco o quince años más a que aprobaran nuestra solicitud, me hizo inscribirme a cada materia del catálogo sólo para poder aprovecharla en caso de ser deportado. Simplemente fui en orden alfabético. Cursé: Antropología, Biología, Ciencias Políticas, Economía, Filosofía, Geología, Humanidades, Química (ojalá hubiese escogido otra «q») y Teatro. No quería ir a clases de teatro. Temía que mis amigos cholos fueran a darme una golpiza.

Entré a mi primera clase de interpretación inquieto. Mi profesor de teatro, un hombre gay increíblemente criticón que solía enseñar Teatro en la Universidad de Michigan, pero que ahora se contentaba con trabajar en el sistema de colegios universitarios de California porque pagaban mejor y hacía mejor tiempo, me asignó un monólogo de *Un tranvía llamado deseo*. Afortunadamente, trabajaba en un videoclub y encontré una copia de la vieja película en blanco y negro protagonizada por Marlon Brando. Vi lo que hacía con las palabras e intenté imitarlo. Salí frente a la clase y repetí lo que había estado practicando frente al espejo durante los últimos días. Actuar ante un público fue muy emocionante. Cuando terminé, mi profesor me dijo que debía presentarme a la audición para la obra de la universidad. Dijo que era nato. *¿Nato qué?*, me pregunté.

Me presenté a la audición y me asignaron el papel protagonista de la producción de nuestra universidad de una obra chicana de Milcha Sanchez-Scott llamada *Gallos de pelea*, que trata en parte de un padre que regresa a casa de la cárcel y de su joven hijo campesino al que le cuesta aceptarlo de vuelta a la familia. Interpreté al hijo, pero era un actor completamente principiante. Una cosa era seguir un modelo establecido creado por Marlon Brando para sacar una A en clase, pero hacer el trabajo de crear un personaje yo mismo era algo totalmente distinto. No sabía lo que hacía, así que estaba muy abierto a que me dirigieran y ansioso por no parecer un idiota sobre el escenario. Ensayaba con mi nuevo pana Eddie, quien, a pesar de parecer un pandillero local, había cursado Teatro los cuatro años de preparatoria. Eddie me ayudó con la memorización, a seguir las acotaciones y con la intención. Me sorprendió descubrir que actuar no era tan difícil como había creído, especialmente, teniendo en cuenta que había actuado como un americano casi toda mi vida.

A medida que se acercaba la noche del estreno, se me hizo cada vez más difícil hablarles a mis padres de la obra por miedo a que mi papá se enojara. Nuestra relación pasaba por su punto más bajo y no quería empeorarla. Él había sacrificado mucho para venir a este país y, a cambio, ¿iba yo a querer ser actor? Por favor. Me cabreo yo solo de escribir esto.

El fin de semana del estreno, el programa de teatro de Mt. SAC recibió la mayor lección sobre eventos en directo: ¡denle siempre un papel a un latino! Diablos, cómo vino mi familia en manada. Ella sola ayudó a financiar todo el fin de semana del estreno. Mi tía Teresa, mi tío Iván, mi tío Sergio, mi tía Lucha, mi tío Pete, mi tía Betty, mi tía abuela Emma... ¡vino todo el mundo! Aquella noche me sentí profundamente avergonzado por que hubiesen venido todos, pero ahora me doy cuenta de la suerte que fue tener una familia tan grande y amorosa para apoyar mi estúpido sueño imposible. Mi mamá y mi papá también vinieron, por supuesto, pero a ellos sólo les había dicho que estaba en la obra esa misma semana, así que se lo tomaron como algo que ocurriría una sola vez. Todavía no habíamos comentado su opinión sobre mi nuevo interés por el teatro.

La celebración improvisada del estreno que se hizo en mi casa con toda mi familia fue una decisión tan de última hora como algunas de las cosas que hice durante la obra. Mis tías, tíos y panas se amontonaron en nuestro departamento de West Covina. Como siempre, la cerveza corría a raudales. Como todavía estábamos en plena lucha por la movilidad social, no bebíamos licor de forma habitual porque era demasiado costoso. Estaba bebiendo con Choli y Napo cuando mi papá me llamó; ya llevaba unas cuantas cervezas encima y quería hablar conmigo. Mi papá no era conocido por su interés por las artes: como cirujano pediátrico, era claramente un hombre de ciencias. De vez en cuando se emborrachaba en las reuniones familiares y sacaba su vieja guitarra, dejándonos entrever al alumno sudamericano de preparatoria que podría haber tenido una carrera musical si su padre no lo hubiese obligado a estudiar una carrera menos «estúpida». Pensé que quizá esa sería nuestra conversación de la noche: la necesidad de buscarme una carrera menos estúpida. Esperaba que me preguntara que por qué demonios me estaba dedicando al teatro. Pero lo que dijo entonces me dejó sin palabras...

—Lo hiciste... bien. Muy bien. Y sé que probablemente te inspiraste en todos nuestros problemas.

Guau. Mi papá pensó que mi interpretación de un joven que peleaba con un padre que lo había abandonado era tan creíble que debía haberme basado en nuestra fricción en la vida real. Asombrado, vi a mi papá hacer algo que nunca había hecho en mi presencia: lloró. Mi papá lloraría varias veces frente a mí a partir de entonces, pero aquella noche fue la primera. La fachada de macho estaba desprendiéndose poco a poco ante mis ojos. Ni de niño ni de joven había visto nunca sus lágrimas.

No había pensado en él en toda la obra. Estaba demasiado concentrado en acertar con mis acotaciones y en estar bien iluminado para preocuparme por cualquier otra cosa, incluso por actuar. Cuando mi papá me dijo que mi interpretación había sido buena y que debía de haber salido de todos los problemas que había entre nosotros, recuerdo pensar: *Sólo estaba tratando de no olvidar el guion... ¡nadie estaba pensando en ti!* Pero no se lo dije. Me pareció importante que mi papá llorara. También me pareció importante llorar con él.

Creo que la sangre es más espesa que el agua, pero que el amor es más espeso que la sangre. Enrique no era mi padre biológico, pero siempre fue mi papá. Como me dijo una vez durante una pelea cuando tenía catorce años: «No tienes que quererme, pero, mientras vivas bajo mi techo, tendrás que respetarme». Ese era nuestro trato. Sólo tenía que respetarlo. Era un adolescente desagradecido viviendo gratis y el único alquiler que tenía que pagar era no faltarle el respeto. No puedo imaginarme por todo lo que pasó aquellos años. Seguro el hecho de que yo no fuera de su sangre le hizo mucho más difícil criarme y amarme. Cuán difícil debe ser amar a un niño que no es tuyo, y cuán complicado educarlo. Afortunadamente, a ambos nos unía el amor de mi mamá. No es una hipérbole decir que ella fue el pegamento que mantuvo unida a nuestra familia, igual que había hecho mi abuelita por su familia inmediata antes que ella. Nada podría haber hecho más perfecto aquel momento de vulnerabilidad con mi papá: dos hombres que no estaban unidos por la sangre, sino por el amor. Llorando.

Muchos años más tarde, Ricky Martin volvió a redefinir lo que era para mí ser un hombre latino al salir del clóset. Fue un *shock* devastador para todas las latinas que lo admiraban en el mundo entero, sobre todo para mi mamá. Pero, a decir verdad, con una carrera musical mundial extraordinaria, con ser implicado en el activismo político y con una fundación que lucha para terminar con el tráfico de personas, Ricky Martin sigue inspirándome en la actualidad, con contoneo *sexy* de caderas y todo. Ricky se pasó casi toda la vida reuniendo el valor para salir del clóset. Yo empatizaba con esa lucha en la medida en que todavía estaba tratando de encontrar el valor para salir por fin de entre las sombras.

Atrapado en Tijuana

Tras la última representación de *Gallos de pelea*, mis compañeros de reparto decidieron hacer un viaje juntos. Se iban a Tijuana, México, a pasarla bien. Me invitaron a ir con ellos y dije que sí. ¿Estúpido? Increíblemente. Pero no podía decirle que no a Maddie. Era una de mis muchas compañeras de reparto y, hasta ese momento, la persona más progresista que había conocido. No sólo con respecto a la política, sino en toda su filosofía de vida. Mi represiva crianza católica no sabía cómo lidiar con alguien que de verdad expresaba cómo se sentía.

Maddie era nuestra líder *de facto*. Todo el reparto era, de por sí, un grupo ecléctico de personas. Estaban Eddie, mi pana cholo que, en secreto, era un *nerd* del teatro; Juan, el mexicano megalómano mucho, mucho mayor que nosotros; Angie, la talentosa chola con el corazón de oro; y Maddie. Maddie era una actriz fantástica. A diferencia del resto de nosotros, no era latina, sino que sólo interpretaba a otra etnia. Fue Scarlett Johansson antes de Scarlett Johansson (véase *Ghost in the Shell: La vigilante del futuro*). Me encantaba pasar tiempo con Maddie antes de los ensayos y practicar los diálogos con ella. Era una persona artística y segura de sí misma. Nada la incomodaba nunca porque era una comunicadora increíble. No solamente porque dijera lo que pensaba, sino porque lo decía de forma que nunca hería los sentimientos de nadie. Cuando Maddie te hablaba, sabías que iba a ser considerada, aunque te estuviera llamando la atención.

Una tarde, estábamos ensayando unos diálogos y me atrapó mirándola con cierto anhelo. Estaba empezando a gustarme, pero nunca se me había dado bien la seducción, así que me guardaba mis sentimientos para mí.

—Te gusto, ¿verdad?

—¿Eh?... ah... yo... —tartamudeé.

—No pasa nada —contestó Maddie—. A mí también me gustas. Pero está claro que no deberíamos hacer nada hasta que hayamos terminado la obra.

¡¿Quién dice algo así?! Maddie lo dice.

Resultó que Maddie también formaba parte del movimiento prosexo. No tenía ningún problema en expresar sus necesidades y deseos. No era tabú hablar con sus padres sobre sexo. De hecho, era mucho más responsable respecto al sexo precisamente por todas las conversaciones que había tenido desde chiquita sobre el tema con su mamá y su papá. Maddie sabía diferenciar entre el amor y el sexo, y podía hablar abiertamente de ambos.

Maddie y yo tuvimos relaciones poco después. Pero, para mi desgracia, fue algo puntual. Maddie me dejó claro que sólo quería experimentar sexualmente conmigo y nada más. No supe cómo tomármelo. Me estaba tratando como los chicos tratan a las chicas. Me sentí utilizado. ¡Mis ojos están aquí arriba!

Llegado a ese punto, me había cansado de estar constantemente asustado por mi situación migratoria. Aceptar la invitación a Tijuana fue mi forma de decir: *Ya basta.* Además, quería ver si podía haber algo entre Maddie y yo. Habíamos tenido relaciones, pero nunca nos habíamos besado. Sus reglas, no las mías.

Me daba miedo cruzar la frontera, pero traté de no demostrarlo. Me tranquilizaba saber que todo el grupo había estado ahí antes y que la Patrulla Fronteriza ni siquiera les había pedido los pasaportes. Me dijeron que cruzaban tantos universitarios de San Diego que trataban de quitárselos de encima deprisa. Mi objetivo estaba claro: que me confundieran con un universitario de San Diego. Manejamos tres horas desde Walnut hasta Tijuana y nadie lograba entender por qué estaba tan callado. Siempre era el escandaloso del grupo, así que eso era evidentemente impropio de mí.

Llegamos a la frontera, parqueamos y cruzamos un puente peatonal. Vi un cartel donde decía: «Está abandonando los Estados Unidos» y se me cayó el alma a los pies. Aquella era una de las cosas más estúpidas que había hecho en la vida. De hecho, era precisamente lo que siempre había temido, ¡y lo estaba haciendo por voluntad propia! Me estaba deportando a mí mismo. Cerré los ojos y respiré hondo. Le tenía más miedo a que mis padres descubrieran lo que estaba haciendo que a la Patrulla Fronteriza.

Tijuana tenía un olor distinto. Olía más a tubo de escape.

Había muchísimos taxis reunidos en la frontera en busca de nuestro dinero. Nos subimos al que parecía más seguro y le pedimos que nos llevara a la avenida de la Revolución, donde había una hilera de discotecas. En ese punto de la noche, el viejo Juan tomó el control. Parecía un habitual de aquella zona. Yo necesitaba desesperadamente un trago. Por suerte, la edad legal para beber en México son dieciocho años, así que podía beber abierta y libremente. Lo más curioso de Tijuana era que, como me habían contado, la mayoría de las personas eran menores blancos de San Diego. Apenas había ningún mexicano de farra por las discotecas a las que entramos. Me sentía más fuera de lugar en Tijuana que en cualquier fiesta en una casa en West Covina. Empecé a relajarme tras mi primer chupito de tequila. La preocupación sobre cómo iba a volver a entrar en el país fue desvaneciéndose poco a poco. Y, entonces, empecé a bailar con Maddie y todo lo demás dejó de importar. Sólo quería un beso suyo. Nada de padres, nada de permisos de residencia, nada de problemas. Tenía a mis compañeros de teatro, la incansable noche de Tijuana y una tremenda cantidad de alcohol legal a mi alcance.

Fuimos yendo de discoteca en discoteca. Me sentía como un adulto porque no me preocupaba que me pidieran el carné por primera vez en la vida. Además, tenía algo de plata de mi trabajo en el videoclub y me la estaba gastando despreocupadamente. Tijuana era tan divertida como todo el mundo decía. Maddie estaba algo distante y coqueteaba con unos militares. Al final, volvió a bailar con nosotros y a prestarme atención. Estuvo mandándome señales confusas toda la noche, pero no me molestó. Ya me había advertido de que no quería nada serio.

Pero ahora, bailando juntos de nuevo, las cosas volvían a verse bastante prometedoras desde el punto de vista romántico. Y llegó la hora de regresar.

Mi corazón se aceleró cuando me paré en la cola en la frontera para volver a entrar a los Estados Unidos. Volví a estar sobrio de inmediato. La realidad de mi situación me golpeó como un bate de béisbol en el estómago. Empecé a angustiarme al llegar frente a la garita internacional de San Ysidro. ¿Cómo carajo se me había ocurrido? ¿Por qué demonios había salido de los Estados Unidos? ¿Y para ir precisamente a Tijuana? Al menos podría haber arriesgado mi existencia americana por Tulum o por isla Mujeres, pero... ¡¿por la avenida Revolución?! No lo había pensado bien. Empezó a faltarme el aliento. Empecé a transpirar. Maddie se dio cuenta de que estaba incómodo y me preguntó qué ocurría. Quedándome sin opciones a medida que nos acercábamos a la garita de inmigración, y rodeado por mis panas Eddie y el viejo Juan, finalmente confesé:

—Soy ilegal.

Maddie me miró estupefacta. La información era difícil de asimilar, especialmente dado que estábamos parados frente a la garita de la Patrulla Fronteriza. Eddie me pidió que no me preocupara. Como me había dicho, siempre trataban de quitarse de encima deprisa a los universitarios.

—Y, por suerte, pareces blanco —señaló Eddie.

Juan, sin embargo, que para entonces estaba borracho perdido, exclamó:

—Ay, mierda. —Que no ayudaba en nada—. Ay, mierda —repitió más alto.

Cuando un agente de inmigración nos miró, Eddie agarró a Juan y se lo llevó a otra cola. Eddie nos dijo a Maddie y a mí que no nos preocupáramos.

—Sigan sin nosotros.

Éramos los siguientes para vernos con un agente de inmigración de los Estados Unidos. Maddie me agarró de la mano y me apoyó con la mirada. Y, entonces, Juan empezó a gritar:

—¡Hagas lo que hagas, no les digas que eres ilegal!

Casi me desmayo.

—Siguiente —dijo el agente de la Patrulla Fronteriza.

Maddie me jaló hacia el agente mientras ambos fingíamos no conocer a Juan.

—¡No les digas que eres ilegal! —repetía beligerantemente Juan.

Entonces, incluso Eddie se apartó de Juan, pensando que sería mejor fingir no conocer al borracho con facha de mexicano de la cola. Los agentes de inmigración fueron hasta Juan y le pidieron que se calmara. Y, en lugar de escuchar a las autoridades, Juan decidió gritar:

—¡Rafa! Hagas lo que hagas, no les digas que eres ilegal.

Se llevaron a Juan fuera de la cola, a alguna sala apartada, al mismo tiempo que nos llamaban a Maddie y a mí a la garita de inmigración. Me quedé paralizado. No sabía qué hacer. Aquel era el final de Rafa, el aspirante a americano. Maddie me jaló hacia el agente de Inmigración y Aduanas y, frente a todo el mundo, me besó. Y me refiero que empezamos a destramparnos apasionadamente.

Ay.

Dios.

Mío.

Si no iban a permitirme regresar al país, esta era la forma perfecta de despedirme. Por fin tenía mi beso.

El agente de inmigración se sintió tan asqueado por nuestra muestra de afecto en público que se nos quitó de encima con un:

—Váyanse a un hotel. ¡Siguiente!

Y, así de fácil, volvía a estar en suelo americano. ¡No podía creerme mi suerte! Olvida que hubiese logrado regresar a los Estados Unidos, ¡Maddie me había besado! ¿Albergaba en secreto sentimientos hacia mí que no me había confesado? ¿Había estado coqueteando con esos militares sólo para ponerme celoso? ¿Le gustaba tanto como me gustaba ella a mí? Miré a Maddie, expectante. Entonces, me dio un golpecito en el hombro y dijo:

—De nada. —Y empezó a andar de vuelta hacia el auto. Pero entonces se volteó—: No te preocupes. Tu secreto está a salvo conmigo.

No voy a mentir, me rompió un poco el corazón que Maddie no me viera como yo la veía a ella. Pero, por Dios, su beso me había ayudado a regresar al país, ¡y eso tampoco estaba mal! Juan, por cierto, se pasó la noche detenido por la Patrulla Fronteriza. Él era el ciudadano americano y yo el inmigrante indocumentado. Pero Juan era más moreno que yo. Es cierto que estaba muy borracho, pero tampoco olvides que estábamos rodeados de muchísimos universitarios borrachos tratando de regresar al país. A la postre, mi piel más clara hizo que se me quitaran de encima en la garita de inmigración y su piel oscura hizo que lo detuvieran. Mi privilegio era evidente. Sin duda, estaba de vuelta en América.

Mi estúpido viaje a Tijuana me hizo sentir que quizá mis problemas migratorios no tenían por qué limitarme. Quizá podía disfrutar de una existencia americana normal y segura. George W. Bush fue escogido presidente en esas mismas fechas y, en un discurso sobre las relaciones con México, declaró: «La gente asustada levanta muros y la gente segura de sí misma los derriba». Guau. Este presidente de los Estados Unidos tenía cojones para decir eso en voz alta delante del mundo entero. Entonces, ocurrió el 11 de septiembre. Se aprobó la Ley Patriótica. Se creó el Departamento de Seguridad Nacional. Más tarde, se supo que los terroristas del 11 de septiembre habían entrado legalmente en los Estados Unidos a través de Canadá. ¿Quién lo diría viendo lo rápido que militarizamos la frontera con México? Sobra decir que nunca regresé a Tijuana.

Ma y Pa Kent

Volví a pedir una cita con mi consejera de la universidad. Desde que tenía mi número de identificación de Mt. SAC, ya no temía hablar con la administración. Le dije que quizá me interesaría dedicarme al teatro. Ella señaló que el programa de Teatro de Mt. SAC era muy pequeño porque no tenían fondos para crear un departamento entero dedicado a la materia. Sin embargo, sí que había un club de oratoria y debate que competía a nivel nacional, conocido como el «equipo forense».

—Deberías considerar unirte.

Aunque el «equipo forense» me sonaba algo raro, le dije que me lo pensaría. Mientras, necesitaba urgentemente encontrar un programa de Teatro en algún lugar. Tras consultarlo con algunos otros *nerds* de mi clase de Teatro, lo encontré en el conservador condado de Orange.

Fullerton College tenía una facultad de Teatro bastante impresionante, con una productora propia y una temporada de teatro completa. También tenía una enorme cantidad de talentosos chicos blancos. Sin embargo, no fui allá por Shakespeare ni por ninguno de los musicales que estaban ensayando entonces, sino para una audición sobre la que había leído para un provocador drama de boxeo latinocéntrico que iba a producir el colegio universitario, escrito por Oliver Mayer y titulado *Blade to the Heat*. Lo curioso del viejo blanco que iba a dirigir *Blade to the Heat* era que le gustaba dar papeles a jóvenes increíblemente atractivos y ridículamente musculosos. Yo no era nada de eso. El hecho de que me asignara uno de los papeles protagónicos me dio seguridad. Pensé que debía ser el más talentoso entre todos esos sementales, si no, ¡¿por qué más me había siquiera admitido en la maldita obra?! No conseguí el papel del protagonista (un boxeador gay que sufría a causa de su identidad sexual) y tampoco el del villano principal (un boxeador homófobo que se negaba a enfrentarse a la verdad sobre sí mismo). Me dieron el provocador papel secundario de un boxeador abiertamente bisexual que declara en mitad de la obra: «Cogeré lo que sea... ¡pero nadie va a cogerme a mí!». El personaje que interpreté era mucho más descarado de lo que yo nunca sería, así que me divertí metiéndome en su irreverente piel para variar. Le pregunté al director por qué me había escogido y me dijo:

—Fue tu sonrisa. No dejaste de sonreír en toda la audición, así que supe que podrías darle vida al personaje.

Está bien saber que tengo una sonrisa bisexual. No tenía ni idea.

En *Blade to the Heat* conocí a mi pana para toda la vida y compinche en Hollywood, Steven García. Steven era uno de los coordinadores de los boxeadores de la obra. Era un tipo atractivo y de cuerpo escultural, que no tenía ningún problema en quitarse la camiseta en el ring. Steven parecía la encarnación de Clark Kent, mientras que, a su lado, yo parecía un Peter Parker escuálido y moreno. Estaba gordiflaco, lo que significa que tendía a la delgadez, pero no estaba nada en forma. Steven me obligó a entrenar muchísimo para arreglar eso. Steven era un latino de piel clara del condado de Orange que amaba los libros y que se había criado entre cómics y monopatines. Solía ser un niño con sobrepeso al que le encantaban las películas y que se llevaba muy bien con su madre. Por si nuestras historias no se parecían lo suficiente, Steven también consideraba a su padrastro su verdadero papá. Todavía más extraordinario era que prefería la Sprite a la Coca-Cola... ¡y la *ginger ale* a ambas! Pero déjame que te diga que no hay nada peor que conocer a alguien exactamente igual a ti, sólo que más atractivo. Steven se parecía tanto a mí que incluso me pregunté si tendría problemas migratorios.

Además de expandir mi círculo íntimo con *nerds* de los cómics, hay otro dato importante que debes saber sobre la representación de *Blade to the Heat*. Sí, mi familia volvió a llenar el teatro el fin de semana del estreno. Y sí, el Kennedy Center American College Theater Festival me nominó a Mejor Actor (ahora hablaré de eso). Pero lo único que me importó de la representación de *Blade to the Heat* fue que vinieran Liesel y Steve. Probablemente te preguntes: *¿Quién demonios son Liesel y Steve?* Permíteme que te presente a mis padres americanos...

Cuando mi consejera me dijo que Mt. SAC tenía un club de oratoria y debate que competía a nivel nacional, al principio no me interesó. Pero me quedé con la idea de «nacional». No podía salir del país por mi situación migratoria, pero eso no significaba que no pudiera moverme por la nación. La idea de hacer cualquier cosa fuera de West Covina me parecía emocionante. Asistí con cautela a la reunión introductoria del equipo de oratoria y me sorprendió descubrir que era un variado grupo de marginados. Había otros latinos, personas negras, LGBTQ+, AAPI, alumnos con discapacidad... ¡era el paraíso de la multiculturalidad! El equipo de inmediato me hizo sentir en casa porque todos eran *nerds* y artistas como yo. No me interesaba la oratoria, pero me sentía más cómodo cuando estaba rodeado de minorías con ansias de expresarse.

La entrenadora del equipo de oratoria, Liesel Reinhart, era una fuerza de la naturaleza. Era joven, blanca (¡por el amor de Dios, se apellidaba Reinhart!) y tenía una presencia que no había visto nunca. Si no tuviese tanta altura moral, Liesel hubiese sido una política perfecta. Su inquebrantable seguridad en sí misma podría haber surgido de estar muchos años en el club de oratoria y debate, pero, en realidad, venía de ser la entrenadora del club de oratoria con más victorias de todos los Estados Unidos. Si los forenses fueran la NBA, Liesel sería Phil Jackson.

El compañero de vida de Liesel, Steven T. Seagle, no era un entrenador oficial, pero venía a ayudar al equipo siempre que practicábamos. Liesel y Steve se conocieron en el equipo de oratoria cuando eran universitarios, pero, a esas alturas, él solo estaba tratando de pasar más tiempo con la muy ocupada Liesel. Literalmente, Steve se presentó como entrenador voluntario del club de oratoria sólo para poder cenar con Liesel. ¡No te conviertes en Phil Jackson regresando temprano a casa! No tardé en encariñarme con el sarcástico Steve, un tipo alto, blanco y delgado con una voz más profunda que la de Vin Diesel. O quizá se encariñó él conmigo y por eso me dejó entrar tan deprisa en su órbita. Steve era un atareado escritor de Hollywood. Nunca dejó a nadie de lado, pero sólo podía entrenar a un puñado de estudiantes a la vez. De nuevo, no le pagaban por nada de aquello.

Cuando llevaba medio semestre en el equipo, estaba una tarde en el aula del equipo forense ayudando a Steve a construir un decorado para dar un discurso cuando Liesel se asomó y me informó de que Steve también era escritor de cómics. Me puse como loco. Yo era un ávido lector de cómics y Liesel lo sabía. Tenía muchísimas preguntas.

—¿Has escrito algún cómic que conozca? —pregunté.

—Depende de qué cómics conozcas —contestó Steve.

Sin saber qué cómics había escrito, pasé a preguntarle directamente por peleas hipotéticas entre superhéroes que nunca se cruzarían por motivos de *copyright*.

—¿Quién ganaría, Batman o Wolverine?

—Wolverine.

—¿Wolverine o Superman?

—Superman.

—¿Y Superman o Spiderman?

—También Superman.

—Vale, pero ¿y Superman o Hulk?

—Siempre ganará Superman, Rafa. Está en su nombre. Ya sabes... verdad, justicia, el estilo de vida americano.

Aquella noche en casa pensé mucho en Superman. Nunca había sido un personaje que me gustara mucho. Me gustaba

Christopher Reeve en la película original, me parecía que hacía un muy buen papel. Pero ¿el personaje? Tengo fotos mías de niño disfrazado de Batman. Pero ¿Superman? Me parecía insulso. Era como un Boy Scout grandulón en ropa interior roja. Pero no podía olvidar las palabras de Steve: «Verdad, justicia, el estilo de vida americano». Acostado en la cama con los ojos abiertos, caí en la cuenta de que lo más interesante de Superman no eran sus superpoderes, sino que, secretamente, no era americano. Era un alienígena tratando de encajar lo mejor posible en el país que lo había adoptado. Amaba tanto los Estados Unidos que luchaba por sus valores: verdad, justicia y el estilo de vida americano. Básicamente, luchaba por la vida, la libertad y la búsqueda de la felicidad. Pero nadie debía saber que Clark Kent era también Superman. La verdad pondría en grave peligro a todos sus seres queridos.

Gracias a Steve, empecé a verme reflejado en el kriptoniano americano. Superman, por encima de cualquier otro superhéroe, era el ejemplo perfecto de lo que podía conseguir un niño inmigrante en los Estados Unidos cuando la comunidad americana le proporcionaba el amor y el apoyo suficientes. Había sido Superman desde el principio, pero no me había dado cuenta porque vivía demasiado aterrado por si alguien descubriera mi identidad secreta.

Estuve revisando mi colección de cómics para ver si tenía alguno de Superman. Fue entonces cuando encontré *Uncanny X-Men*, número 350. Era una de mis historias favoritas de los X-Men: ¡revelaban el mayor secreto de Gambit! Era un número importantísimo para Marvel. Y ahí, delante de mis

narices, estaba el nombre del escritor: «Steven T. Seagle». Mi
Steve. Guau. Había estado influenciando mi vida desde antes
de conocerlo. Respecto a lo de que él y Liesel fueran mis padres
americanos, ahora hablaré de eso.

Normalmente, mi familia y yo escondíamos nuestros secre-
tos del resto del mundo. Pero había un secreto que guardaba incluso de mis padres: que quería estudiar Teatro. Hasta
entonces, habían creído que no era más que una afición. Pero,
dado que mi limbo migratorio me tuvo confinado en el colegio universitario indefinidamente, me dio tiempo a descubrir
lo que en realidad quería hacer en la vida. Contar historias, en
cualquiera de sus formas, era lo mío. Así que, por mucho que
sufriera por no poder ir a una universidad, mis problemas de
inmigración fueron los que dieron comienzo a mi carrera en la
industria del entretenimiento. En retrospectiva, probablemente me enamoré del teatro porque necesitaba atención. Quizá el
amor y la admiración de su comunidad es lo único que necesita
un estudiante indocumentado.

A pesar de mi amor por el teatro, no había nada como salir del
camerino para estar con tu familia tras una representación larga y físicamente agotadora, en especial una que implicaba tanta
coreografía de boxeo como *Blade to the Heat*. Pero, tras la semana
del estreno, mi familia dejó de venir. Fullerton le quedaba muy
lejos a todo el mundo. Además, ya todos habían visto la obra.
Pero entonces a mí no me quedaba ningún motivo para salir al
terminar la función. No conocía a nadie en el condado de Orange más allá de Steven García, que trabajaba conmigo. Así que la
mayoría de las noches me quedaba en mi camerino. Una vez,

tras una de nuestras últimas representaciones, alguien del equipo se me acercó y me dijo que mi familia me esperaba afuera. *¿Familia?* Sorprendido, corrí a ver quién había vuelto a venir. Me quedé boquiabierto al encontrarme a Liesel y a Steve esperándome. No recordaba haberlos invitado, pero ahí estaban de todos modos. La persona de mi equipo tenía razón: mi familia había venido a verme.

Por mucho que amara el teatro, amaba más a Liesel y a Steve. Yo era alguien que siempre había buscado aceptación y seguridad allá adonde fuera —porque esperaba que en cualquier momento cayera sobre mí la espada de Damocles— y, por fin, las había encontrado con Steve y Liesel. Tomé la decisión de dejar el teatro por un tiempo y centrarme por completo en el equipo de oratoria. ¿Qué puedo decir? Involucrarme es uno de mis lenguajes del amor.

Todo el equipo hizo un retiro de escritores en Big Bear Lake para preparar los nuevos discursos para las competiciones. Nunca había hecho nada tan lujoso como tomarme tiempo libre sólo para concentrarme en escribir. Aquello era maravilloso. Una escapada para ser creativo. ¡Era como si me estuvieran hablando sucio!

Me pidieron que me uniera a la categoría de Discurso para Entretener. Aquella era la especialidad de Liesel y Steve. La mordacidad de Steve y los espectaculares comentarios ingeniosos de Liesel eran una combinación mortífera. Amaba las lluvias de ideas con ellos. Eran divertidas, pero agotadoras. Tenías que ser muy agudo para dar la talla ante esos dos. Técnicamente, ese fue mi primer contacto con cómo se siente una sala de guionistas profesional en televisión, ¡pero sin el síndrome del impostor!

Encontré mi voz como escritor en el equipo de oratoria. Escribí un monólogo de comedia sobre nuestro defectuoso sistema migratorio. Un joven escritor debería empezar siempre por lo que conoce. Curiosamente, tampoco sabía mucho sobre cómo funcionaba nuestro sistema migratorio. Investigando sobre el tema, descubrí que «ilegal» era el peor término posible para describir a un inmigrante indocumentado. Las personas no pueden ser ilegales, sólo las acciones. Si crees que un ser humano puede ser ilegal, te pido que consideres esto: cuando una persona mata a otra, eso no la convierte en una *ilegal*, la convierte en una asesina. Cuando una persona roba algo a otra, no es una *ilegal*, es una ladrona. Cuando una persona se olvida de enjuagar el plato antes de ponerlo en el lavavajillas, no es una *ilegal*... sólo se le olvidó esta vez, ¡mamá! Así que, ¿por qué llamaríamos a un grupo de personas en busca de una vida mejor, que trabajan en primera línea, que son mano de obra esencial durante una pandemia global, que anhelan respirar tranquilos, «ilegales»? Por si esto no fuera suficiente, también descubrí que la palabra «ilegal» fue diseñada para criminalizar a una parte de nuestra población que sólo fortalece la economía americana y rejuvenece su población activa. Sobra decir que estaba teniendo un despertar político. Incluso me di cuenta de que mi anterior falta de conciencia política era un acto político en sí mismo.

Amaba el equipo de oratoria. Con mi número de identificación de Mt. SAC, podía viajar en avión e irme los fines de semana a ciudades poco conocidas de toda América —como

Walla Walla, Washington— para competir en aulas vacías en las fases preliminares y en auditorios atestados en las últimas rondas. Para mí todo se reducía a esos auditorios atestados. Liesel y Steve eran los perfectos mentores de escritura: Liesel me ayudaba con la sustancia mientras Steve me orientaba con la estructura y mi voz cómica. En mi primer año, el equipo forense, compuesto en su mayoría de minorías, y yo arrasamos en la competición nacional de escuelas universitarias. Éramos tan buenos que Liesel decidió en secreto llevarse a unos pocos estudiantes selectos a un torneo internacional de oratoria y debate en Praga.

Liesel me llamó a su oficina para darme las buenas noticias. Con una sonrisa que reservaba sólo para cuando le estaba cambiando la vida a un alumno, me dijo:

—Hemos decidido llevarte a Praga.

Se me cayó el alma a los pies. Sabía que aquel viaje internacional era una posibilidad, pero nunca pensé de verdad que fueran a seleccionarme. Y, peor, nunca pensé que fuera a tener que rechazarlo en persona. ¿No podía Liesel haberse limitado a mandarme una carta por correo como el resto de las universidades que me habían hecho preguntas incómodas? Estaba indocumentado. No podía ir a Praga. O, para ser exacto, podía ir a Praga, pero entonces no me dejarían regresar al país. Rompí el contacto visual con Liesel —algo prohibido en el equipo de oratoria— y le dije que no podía ir. Empecé a balbucear excusas, diciendo que estaba ocupado aquel mes. Debí haber sabido que Liesel no iba a dejarlo pasar. El motivo por el que se llama «investigación forense» a la oratoria y al debate es que el término alude a la búsqueda de la verdad, que es lo que hacemos en un debate. Y nadie encarna ese sentimiento mejor que la misma Liesel. Siempre necesitaba llegar al fondo de cualquier asunto.

—¿Por qué no puedes venir? Es ridículo. ¿Sabes cuántos alumnos matarían por un viaje gratis a Praga?

Miré a Liesel sin saber muy bien qué decir. Hasta entonces, sólo mi familia, mis amigos más cercanos de la preparatoria y unos pocos compañeros del elenco de *Gallos de pelea* sabían la verdad sobre mi situación migratoria. Maddie era la única persona no latina que lo sabía, pero interpretaba a una latina y tenía mi edad. Liesel era una profesora de universidad mayor que yo y una figura de autoridad. Pero Liesel también era alguien que nunca le deseaba el mal a nadie y siempre se esforzaba en apoyarme. ¡Manejó una hora y media para verme actuar en *Blade to the Heat*! Nos habíamos hecho íntimos. No sabía qué decir. Estaba profundamente confundido. También estaba agotado de mentir y, demonios, ¡tenía muchas ganas de ir a Praga! Miré a mi nueva mentora y por fin dije:

—No puedo porque soy ilegal. —Sé que acababa de aprender a utilizar «indocumentado», pero ¡cuesta deshacerse de las malas costumbres!

Liesel fue la primera persona blanca en una posición de poder a la que le confesé mi situación migratoria. Fue una experiencia aterradora. Entonces no me di cuenta, pero su reacción tuvo un enorme impacto en mí como joven adulto. Podría haberse sentido incómoda con la noticia u ofendida por mi estado no autorizado. Un mero gesto de asco me hubiese hecho sentir una profunda vergüenza. En cambio, como haría una y otra vez en mi vida, Liesel me garantizó con firmeza que todo iría bien. Primero se aseguró de que estuviese tranquilo y me sintiese seguro. Después, se puso inquisitiva como sólo ella sabía hacerlo:

—¿Cómo es posible? ¿Cuándo llegaste? ¿Han intentado contratar un abogado de inmigración?

Pero, sin importar cuántos detalles le diera sobre mis problemas de inmigración, Liesel no terminaba de entender cómo podía seguir siendo «ilegal». Sin dejarme salir de su despacho, llamó a consejeros, al vicepresidente de los Servicios Estudiantiles y a otros administradores. No mencionó mi nombre, pero describió a la perfección el apuro en el que me encontraba. Pero fue inútil. No había nada que ella o nadie pudiera hacer para ayudarme. Yo ya lo sabía, pero aun así me llenó de felicidad verla intentarlo.

El equipo de oratoria se fue a Praga sin mí. Steve me mandó una fotografía de mi cara superpuesta sobre la foto grupal. Me pareció muy tierno. Una noche, me llevé a casa del trabajo la película de *Superman*. La versión antigua de Christopher Reeve de 1978. Un joven granjero que se convierte en uno de los mayores héroes de América... y todo cuanto necesitaba era una identidad secreta y dos amorosos padres adoptivos americanos.

Cómo decepcionar a tus padres inmigrantes sin querer queriendo

Mi mamá era médico y mi papá también, así que oficialmente decidí estudiar Teatro. Admito que decidir graduarme en algo que no me haría ganar dinero de inmediato fue una decisión estúpida. Como inmigrante, ¿cómo demonios iba a cuidar de mi mamá y mi papá con una carrera de Teatro? Era un niño cuyos padres habían sacrificado su bienestar económico y sus carreras médicas para darme la oportunidad de tener una vida mejor... ¡y yo me lo había jugado todo en las artes! Incluso apliqué a la School of Theatre, Film and Television de UCLA. Y ahí volvieron a hacerme la pregunta sobre mi número de la Seguridad Social, que estaba empezando a hacer mella en mí. La burocracia ya es terrible de por sí en circunstancias normales y documentadas. Añádele el miedo a que toda tu vida se vea desarraigada y destruida sólo por rellenar un formulario. Todavía soy incapaz de ir a restaurantes en los que tienes que rellenar tú mismo el pedido... ¡es un detonante!

Una noche, durante la cena, mi papá dijo que había visto que estaba aplicando a universidades.

—¿Qué carrera has escogido?

Me puse tenso. Las cosas estaban mejorando entre nosotros, pero nunca me hacía demasiadas preguntas sobre la universidad. Con la expresión más estoica posible, respondí:

—Teatro.

Como había imaginado, decepcioné infinitamente a mi papá. Me sentí culpable porque habían sacrificado muchísimo por mí y, aun así, yo había escogido el camino más inestable. Sí, le gustaba verme actuar, pero nunca pensó que fuera a plantearme la interpretación como profesión. Por cierto, mi segunda opción, Religiones del Mundo, le resultó igualmente devastadora. Porque, ¿qué multimillonario en América no domina las religiones del mundo y el teatro?

—¿Estás seguro de que eso es lo que quieres? —preguntó mi papá.

—Estoy seguro —le respondí, desafiante.

Mi papá miró a mi mamá muy preocupado, pero ella se limitó a responderle con un encogimiento de hombros que parecía decir «es su vida». Mi papá tenía mucho que decir, pero se mordió la lengua. Aunque le preocupara y le frustrara bastante, no había mucho que pudiera decir que fuese a tener ningún peso sobre mi decisión final. Me había hecho pagar mi educación desde que empecé la universidad y lo hice, así que tenía total autonomía sobre mi educación superior. Incluso indocumentado, había encontrado la manera de tener un trabajo a tiempo completo, de ser estudiante también a tiempo completo y de hacer teatro y oratoria en mi tiempo libre. Sabía que mi padre estaba disgustado con mi elección de carrera, pero me daba igual. Estaba viviendo mi vida no autorizada al máximo.

Poco después, me convocaron a la oficina del profesor de Teatro de Mt. SAC, Ralph Eastman. El profesor Eastman era un hombre blanco, alto y elegante que amaba la música folk y me informó de que me habían nominado para asistir a la competición regional de interpretación del Kennedy Center American College Theater Festival.

—Esto es algo muy importante para Mt. SAC —me dijo el profesor Eastman—. Si logras ganar la competición regional, serás sólo nuestro segundo alumno en llegar a la competición nacional.

¡Acepté el reto! Tenía que llegar a la competición nacional. A mi papá le parecía que mi elección de carrera era una tontería, pero el universo estaba tratando de ayudarme a demostrarle que estaba equivocado. Sólo tenía que vencer a mil otros estudiantes y llegar a la competición nacional.

No tardé en descubrir que no había sido nominado por uno, sino por dos de los colegios universitarios a los que asistía: por *Gallos de pelea* de Mt. SAC y por *Blade to the Heat* de Fullerton. Ambas universidades tuvieron que ir a un tribunal de arbitraje para decidir a cuál le correspondía. Estoy seguro de que ambas dependían de esta clase de nominación para recibir más presupuesto. Al final, Mt. SAC terminó ganando porque habían sido los primeros en nominarme oficialmente.

Iría a la competición representando a Mt. SAC, pero todavía me hacían falta dos escenas para participar: un monólogo y una escena que implicara a otro actor. Lo del otro actor era fácil. Sin duda le suplicaría a mi pana Eddie, el cholo amante de Shakespeare que había ido a Nogales High School, que fuera mi compañero. Era irónico, puesto que Nogales High School era el lugar adonde mis padres no me habían permitido asistir por miedo a que me convirtiera en un pandillero. Hubiese sido un pandillero terrible, recitando constantemente soliloquios con mis pantalones militares demasiado grandes y mi redecilla. Empezamos a trabajar con Eddie en una escena de una obra desconocida llamada *Cuba and His Teddy Bear* de Reinaldo Povod. La obra era un drama explosivo sobre un traficante de drogas de pueblo y su hijo. Yo hice de traficante y Eddie de mi hijo. Como la escena era muy dura, sabía que mi monólogo tendría que ser ligero y cómico. Por suerte, Kenny Klawiter era al mismo tiempo muy gracioso y un gran erudito del teatro. Kenny lideraba el equipo de oratoria y debate en Mt. SAC junto con Liesel. Era un hombre muy atractivo con el encanto propio del medio oeste, la clase de profesor de Comunicación que, al final de cada trimestre, recibía regalos de sus alumnas admiradoras. Desafortunadamente para todas sus futuras esposas, Kenny era orgullosamente gay. Ahora que lo menciono, Kenny también me dio una de las lecciones más importantes de mi vida respecto a los prejuicios. Una vez íbamos juntos en el auto de camino a un torneo de oratoria y, por curiosidad, le pregunté:

—¿Cuándo te diste cuenta de que eras gay?

Kenny me sonrió y me contestó amablemente:

—¿Cuándo te diste cuenta de que eras hetero?

Carajo. Nunca había pensado que la gente oprimida pudiera oprimir a otra gente.

Estaba en el despacho de Kenny contándole que necesitaba desesperadamente encontrar un monólogo gracioso y que sentía que debía ser algo étnico. Estaba a punto de participar en una importante competición regional de interpretación e iba a enfrentarme a unos mil estudiantes universitarios. Mi origen étnico tenía que ser mi superpoder.

—Creo que tengo la obra que necesitas —me dijo Kenny con un brillo pícaro en la mirada.

Kenny era un *nerd* del teatro como yo, así que sabía muchísimo de obras modernas. Alargó la mano tras su silla y agarró de una estantería gigantesca el monólogo que definiría mi competición regional de interpretación. Se llamaba *Men on the Verge of a His-Panic Breakdown*, escrita por Guillermo Reyes. La obra era errática e irreverente, pero, más importante, era un espectáculo unipersonal escrito por un latino. Estaba compuesta por una serie de monólogos gloriosamente cómicos. El que decidí interpretar era el de un inmigrante gay que llegaba a Los Ángeles durante las revueltas de 1992 y se convencía de estar siendo testigo de la filmación de otra secuela de *Arma mortal.* Era perfecto. Tenía mi escena, mi compañero y mi monólogo. *Fresno, allá voy.*

La Conferencia Oeste de la competición regional de interpretación se celebró en Fresno, California. Aunque era peyorativamente conocido como «la axila del estado», Fresno me pareció un lugar con bastante encantador. Tenía muchos campos y gente fantástica. Mi gente. No era demasiado glamuroso, pero estaba lo bastante cerca como para ir en auto. Yo era un conductor prudente. La única vez que me había parado la policía había sido durante el incidente de «Liberen a Rafa», cuando a quien pararon en realidad fue a Choli, no a mí. Tampoco había nada que mis papás pudieran hacer para evitar que manejara hasta Fresno. Mi prima mayor, Priscilla, se estaba cambiando de auto y su papá, mi tío Sergio, sugirió que me diera el viejo a mí. Y así fue cómo terminé siendo el dueño de Chalupa, un destartalado Toyota Camry blanco, duro por fuera, pero blando por dentro. La condición era que sólo podía manejar a Chalupa para ir y volver de clase. Como la competición regional de interpretación del Kennedy Center American College Theater Festival estaba relacionada con mis clases, llegué a la conclusión de que manejar de West Covina a Fresno estaba permitido. Permitido por un tecnicismo, pero permitido, al fin y al cabo.

Pasé algo de miedo en el camino hasta Fresno. Íbamos solos mi pana Eddie y yo. Podría habernos parado la policía en cualquier momento y mis aspiraciones como actor universitario —por no hablar de mis aspiraciones a la ciudadanía americana— hubiesen terminado. Eddie sabía la verdad sobre mi situación migratoria de cuando nuestro viajecito a Tijuana, pero no parecía importarle mucho. Estábamos demasiado emocionados por tener una excusa para salir de nuestro barrio.

Eddie y yo llegamos a Fresno y, mientras nos registrábamos en el motel, nos dimos cuenta de que todo el mundo había ido ahí a farrear. El vestíbulo estaba muy ruidoso y la piscina, donde todos los estudiantes estaban bebiendo, todavía más.

Incluso me ofrecieron participar en un trío. Como era joven e inexperto, sólo se me ocurrió decir:

—No puedo... no tengo llamada a tres en casa.

Sean de la Universidad de California, de Cal State o de un colegio universitario, los estudiantes separados de sus padres por primera vez siempre están ansiosos por salir de farra. Yo no. Como sabrás, llevaba bebiendo desde joven, pero había ido ahí con un único objetivo: ganar la competición y demostrarles a mis papás que no era estúpido querer dedicarme profesionalmente a eso.

Tal como ocurría en las competiciones de oratoria y debate, había muchas rondas preliminares en las salas de baile antes de poder ir al gran auditorio para las semifinales. Y, si tenías suerte, podías llegar a actuar ante toda la región en la final sobre el escenario principal del Tower Theatre for the Performing Arts. Preparaba mi monólogo a solas por las noches en mi habitación y Eddie y yo ensayábamos nuestra escena por las mañanas. Los días estaban llenos de despiadadas y competitivas rondas. Todo el mundo era muy bueno, sobre todo los estudiantes de las carreras universitarias. Estaban muy pulidos, no como nuestras toscas actuaciones de alumnos de colegio universitario. La competición se alargó varios días. Estaba concentrado en mi objetivo. Me había convencido de que, si ganaba, le demostraría a mi papá que se equivocaba respecto a mi elección de carrera. Estaba tan empeñado en ganar la competición que Eddie sostiene que ocurrió lo siguiente (aunque yo no recuerdo nada):

Acepté de mala gana acompañar a Eddie a una de las muchas fiestas para los competidores que había por la ciudad. Todo el mundo bebía, bailaba y la estaba pasando como nunca. Yo, por mi parte, estaba contando los minutos para volver a ensayar mi monólogo en la habitación del motel. En mitad de la pista de baile, una bella joven gritó delante de todos: «¡Quiero *%$# a ese!». Eddie sostiene que me señalaba a mí. Yo no la escuché porque estuve repitiendo el monólogo en mi cabeza toda la noche. ¿Recuerdo la fiesta? Apenas. ¿Recuerdo a la joven? La verdad es que no. ¿Escuché a alguien gritar «¡Quiero *%$# a ese!»? De ninguna manera. Me alegro de que esa joven tuviese la confianza y la seguridad en sí misma para gritar algo así frente a toda la región. También me alegro de que la joven y yo no *%$# porque habría estado repitiéndome el monólogo en la cabeza los dos minutos y medio enteros. Pasé de largo y Eddie se quedó estupefacto por que no fuese a hablar con ella.

Eddie y yo superamos las fases preliminares, llegamos a los cuartos de final, después a las semifinales y, milagrosamente, entramos en la lista para la última ronda. Estábamos exultantes, sobre todo porque, aunque la competición estaba abierta a cualquier estudiante de un colegio universitario, la dominaban principalmente los estudiantes de teatro de las universidades. Eran los imponentes hombres y mujeres del campus que siempre andaban con la cabeza alta y rodeados de un aire de invencibilidad. Llegar a la final era algo importantísimo para Eddie y para mí, pero incluso más para Mt. SAC, que no era en absoluto conocido por las artes interpretativas, sino sólo por sus cursos de atletismo de campo a través. La ronda final hubiese podido provocarme ansiedad si no fuera porque, para entonces, ya había participado mucho en competiciones de oratoria y debate. Me sentía cómodo frente a una gran audiencia. Sabía exactamente si y cuándo tenía toda su atención. No necesitaba un foco para impresionar al público. Me sentía como en casa mirando a la gente a los ojos. Además, tenía a mi pana Eddie conmigo.

Subí al escenario principal del Tower Theatre y me presenté. Hice vibrar la erre en «Rrrrrrrrafael» para que la escuchara todo el oeste de los Estados Unidos. Empecé inmediatamente mi monólogo y las carcajadas que me devolvió la abarrotada sala de localidades de pie del centro de artes interpretativas fueron como un maremoto. Es una experiencia para la que nadie puede prepararte. Tienes que ser capaz de surfear la ola y no perderte en la carcajada. Eso es lo que hace tan buenos a los monologuistas de élite: la capacidad de surfear la ola. Hice lo mejor para lidiar con las risas de la audiencia y luego pasé a mi escena dramática. Eddie se unió a mí sobre el escenario. En ese punto, aquello ya no era una competición. Eran sólo dos chicos de un barrio históricamente duro haciendo lo que amaban.

Al día siguiente, durante el desayuno de la entrega de premios, todos sabíamos que sólo dos personas —dos equipos, para ser exactos— irían a la competición nacional en el Kennedy Center de Washington D. C. para representar a nuestra región. La región estaba compuesta por cinco estados y los ganadores darían la cara por todos ellos. Si te interesaba el teatro emergente, aquello era importantísimo. El anuncio del primer ganador llegó acompañado de un educado aplauso. Era un universitario blanco algo mayor con el perfecto peinado de Jesús de Nazaret. Estudiaba en Cal State Fullerton. Lo recuerdo recitando un monólogo shakespeariano muy impresionante que nadie entendió porque, ¿quién mierda sigue hablando shakespeariano? El *man* se subió a la palestra para recibir su premio muy diplomáticamente, como si ya supiera que iban a darle un enorme ascenso en el trabajo. Subió solo, sin su compañero de escena. Supongo que tenía sentido porque el nominado oficial era él, no su compañero. Entonces, anunciaron al segundo ganador. Mi recuerdo de esto también es algo borroso, como el de la joven que declaró su afecto por mí durante la fiesta en mitad de la pista de baile. Sólo nos recuerdo a Eddie y a mí levantándonos de nuestras sillas de un salto. Nadie esperaba que ganáramos, pero lo hicimos. No teníamos que saltar de nuestras sillas, pero también lo hicimos. Corrí junto a Eddie por toda la sala de banquetes, chocándole los cinco a todo el mundo. Nuestra emoción era contagiosa. Incluso los gruñones directores del torneo no pudieron evitar reír. Eddie y yo gritamos, hicimos un baile de la victoria y dimos un abrazo de oso al incómodo presentador. Carajo. Los chicos latinos del valle de San Gabriel habían ganado. No veía la hora de contárselo a mi papá.

Eddie y yo seguíamos en *shock* durante el viaje de regreso en Chalupa de Fresno a West Covina. Al final, Eddie me miró y dijo:

—Vinimos a ganar esto... y lo hicimos.

Eddie hizo una pausa, disfrutando del paisaje de California central. Entonces, me dio las gracias por escogerlo como compañero de escena. Eddie era como muchos de mis panas de esa zona: increíblemente talentoso (¡más que yo!), pero invisible e ignorado por los no hispanos. Pero yo veía a Eddie con su ropa ancha y su cabeza rapada y sólo deseaba parecerle lo bastante chévere para que me dejara juntarme con él. Por suerte, lo hacía. Y, además, me ayudó a perfeccionar mi primer papel sobre el escenario. Perdido en mis pensamientos, di un volantazo. Cuando la adrenalina de la victoria empezó a desvanecerse, recordé de pronto que era un inmigrante indocumentado manejando un auto sin licencia. Me pregunté si a la patrulla de tráfico le importaría que estuviese a punto de representar a todo nuestro estado en una competición nacional de interpretación.

Llegué a casa y le conté a mis papás lo que había ocurrido. Mi mamá gritó de emoción. Mi papá sólo asintió con la cabeza. Como siempre, estaban perplejos con las cosas que hacía. Acababa de ganar una competición de interpretación entre cinco estados y ahora iba a viajar a Washington D. C. Mi papá siguió mirándome. Era evidente que estaba pensando en algo, pero no dijo nada. Quizá no quiso arruinar el momento.

No me preocupaba ir en avión porque me dijeron que mi número de identificación de la universidad bastaría. Mi mamá estaba algo preocupada, pero yo sabía que todo iría bien. Al fin y al cabo, me acompañaría el profesor Eastman. Cuando Eddie y yo llegamos al aeropuerto para la competición nacional, Eddie se quedó estupefacto al descubrir que no íbamos al estado de Washington.

—¡¿Vamos a Washington D. C.?! —exclamó—. ¡¿Qué carajo?! No he empacado para la Costa Este.

Yo tampoco había caído en que íbamos a la capital de la

nación hasta que Eddie dijo eso y también pensaba que íbamos al estado de Washington. Pero no dejé que Eddie se diera cuenta. En cambio, me reí de él por ser tan tonto.

—El estado de Washington... estúúúpido.

Nunca había estado en Washington D. C. ¡Ni siquiera sabía qué significa el D. C.! ¿Diversidad colonial? Y ahora me pedían que actuara en el Kennedy Center a unas pocas cuadras del Departamento de Seguridad Nacional. Empecé a ponerme nervioso, pero no tenía nada que ver con la actuación.

Como en la competición regional, hubo muchos eventos en el Kennedy Center durante la semana. Pero no había ido ahí para nada de eso. Había llegado tan lejos y, por Dios, estaba decidido a ganar, aunque sólo fuera para seguir demostrándole a mi papá que había escogido el camino adecuado. También quería hacerlo rápido, antes de que alguien se diera cuenta de que no debía estar en la ciudad y mucho menos en el país. Y, entonces, me dieron la mayor sorpresa de mi vida. Al regresar a nuestro hotel de D. C. tras un largo día de talleres de teatro, encontré en el vestíbulo del hotel a las dos personas que menos hubiese esperado ver en la capital del país: a mi mamá y a mi papá. Mis ojos se llenaron de lágrimas de la impresión. Mis papás habían venido a Washington D. C. para apoyarme... a mí y a mi loco sueño imposible de dedicarme al teatro. Eso era lo que mi papá había estado decidiendo, pero que no había querido decirme, cuando regresé de Fresno. Se preguntaba si mi mamá y él debían correr el riesgo de venir a Washington D. C. o no. Para entender lo que esa decisión significó para mí, debes saber que mis papás no habían vuelto a subirse a un avión desde nuestra llegada a los Estados Unidos por miedo a que los detuvieran. Tampoco se habían tomado unas solas vacaciones en los catorce años que llevábamos en este país porque —como muchos otros inmigrantes antes que ellos— eran esclavos del salario mínimo. Trabajaban cada día. Sin descanso. Pero ahora habían dejado de trabajar unos días... por mí.

Cuando llegó la noche y por fin subí al escenario principal del Kennedy Center, ningún rencor que hubiese albergado contra mi papá importaba ya. También me daba igual el lugar, la audiencia e incluso la victoria. Aquella noche, actué para las dos únicas personas en el mundo que me importaban. Actué para el motivo por el que estaba en este país. El brillo de los focos me impidió distinguir a nadie de la audiencia desde aquel enorme escenario, pero vi claramente a mi mamá y a mi papá sonriéndome orgullosos desde la primera fila. Tres inmigrantes indocumentados estaban ocupando espacio en la capital de nuestra nación.

De todos los universitarios que actuaron aquella noche, fui uno de los únicos tres que venían de un colegio universitario, uno de los dos únicos latinos y, hasta donde yo sé, el único indocumentado. No gané la competición nacional. Lo hizo un tipo cualquiera interpretando a Shakespeare. Si aprendí algo de esa experiencia es que el huevón de Shakespeare siempre gana. Pero mi verdadera victoria fue que mis papás reunieran el valor para poner un pie en la capital de la nación. No fue fácil para ellos. Necesitaron catorce años y un muy buen motivo para hacerlo.

Antes de irnos, mis papás y yo dimos un paseo hasta el

Monumento a Lincoln y miré al Gran Emancipador que trató de acabar con la institución de la esclavitud y que fue asesinado por ello. Lo mataron a tiros por el pecado original de América. Miré al presidente Lincoln, hecho casi todo de mármol de Georgia, y me pregunté qué hubiese pensado de nosotros, los inmigrantes. Resulta que una de las leyes más conocidas de Lincoln, la Ley para Incentivar la Inmigración, firmada el 4 de julio de 1864, fue la primera y la última ley de la historia americana para incentivar la inmigración a los Estados Unidos. Fue derogada después de su asesinato.

Al poco de aterrizar en LAX, mis papás y yo llegamos a nuestro departamento en West Covina. En la puerta, mi papá me hizo una pregunta muy sencilla:

—¿Y ahora qué?

No supe qué contestar. No sabía ahora qué. Había llegado al límite de mis créditos de la universidad y había llevado la interpretación universitaria tan lejos como era posible, literalmente hasta los escalones del Capitolio de los Estados Unidos. Igual que hice al terminar la preparatoria, me limité a responder con:

—Algo se me ocurrirá.

Mi mamá regresó del buzón con dos sobres grandes. Ambos para mí. Abrí el primero y descubrí que me habían aceptado en UCLA. Mis ojos empezaron a llenarse de lágrimas. La Universidad de California, Los Ángeles, me quería. Abrí el segundo sobre y descubrí que habían aceptado nuestra solicitud de residencia permanente en los Estados Unidos de América. Tras catorce años por fin éramos... legales. Mis papás y yo nos abrazamos. Las lágrimas empezaron a deslizarse por nuestras mejillas. El momento parecía demasiado increíble para ser cierto. Por fin había llegado la justicia que estaban esperando... su sacrificio monumental para venir a este país por fin había dado sus frutos. Seguimos abrazados cuando nos derrumbamos sobre el frío piso de baldosa. En ese momento, sólo podíamos llorar.

Venta de galletas con discriminación positiva

Mis papás y yo estábamos sentados nerviosos en un edificio federal amplio y predominantemente gris en el centro de Los Ángeles. Habíamos ido hasta ahí a hacer nuestra entrevista colectiva para la residencia permanente. Las sillas azules de plástico en las que nos habíamos sentado pretendían darle algo de color al monótono espacio. Un retrato de George W. Bush con una sonrisa pícara colgaba de la pared. Mi mamá y mi papá no dejaban de mirar con desaprobación mi camiseta. Me la había comprado en un concierto de Rage Against the Machine y tenía estampado un triángulo azul invertido, un claro recordatorio de lo que los nazis obligaban a llevar a los judíos en los campos de concentración. En este caso, quienes llevaban el triángulo eran los inmigrantes y extranjeros haciendo trabajos forzados. Estaba orgulloso de estar haciendo un alegato político en un edificio federal. Mis papás, sin embargo, sólo querían encontrar una piedra bajo la cual esconderse. Ah, ¿he dicho ya que la camiseta también tenía la palabra «ILEGAL» escrita dentro del triángulo azul invertido? Eso es: mis papás estaban sentados juntos a su hijo vestido con una camiseta en la que ponía «ILEGAL» mientras esperaban para hablar con las autoridades migratorias de los Estados Unidos. Era primavera de 2001.

Tras esperar durante casi una hora y media, un afroamericano muy alto nos invitó a pasar a su oficina. Como casi siempre ocurría cuando estábamos frente a autoridades angloparlantes, prácticamente sólo hablé yo. El funcionario federal miró mi camiseta y se rio entre dientes. Mis papás se sintieron más tranquilos sabiendo que el representante de nuestro potencialmente nuevo país entendía mi sentido del humor. Mi papá pasó nuestras carpetas a través del escritorio de aquel hombre. Contenían todos nuestros registros y documentación desde nuestra llegada al país. El funcionario de inmigración estudió cada página. Se fijó en que mi carpeta estaba llena de premios de alumno del mes en primaria, certificados del cuadro de honor del instituto, mi certificado de la primera comunión, mi título del campeonato nacional de oratoria del colegio universitario, mi premio regional de interpretación, un reconocimiento por mi voluntariado en el condado de Los Ángeles y mi carta de aceptación en UCLA. Se detuvo en esta última y la revisó con mucho cuidado. Su mirada encontró la mía y me dijo:

—Vamos a tener que apurarnos con el proceso para asegurarnos de que entres a UCLA.

Sonrió, sabiendo perfectamente que estaba cambiando mi vida para mejor. Pero entonces las cosas se complicaron un poco.

Ya casi éramos «legales», pero primero teníamos que hacernos una serie de chequeos de salud para demostrar que no teníamos ninguna enfermedad. Lo que yo no sabía era que uno de esos chequeos consistiría en una prueba de ETS. Casi pierdo los nervios porque había sido sexualmente activo hacía poco y, lo que era peor, no había utilizado preservativo. ¡Algo muy estúpido por mi parte! Las dos semanas de espera para los resultados de la prueba fueron las más largas, insoportables y dolorosas de mi vida. Mi sexo sin protección estaba a punto de arruinar las posibilidades de mi familia de ser residente permanente de los Estados Unidos. Mi rito de paso adolescente me estaba volviendo loco. Me odiaba tanto a mí mismo como a mis hormonas adolescentes. Deseaba poder deportar a mi pene. Le prometí a Dios que no volvería a acostarme con nadie si Ella (mi dios es una diosa chola, por cierto) nos concedía la residencia permanente en este país. Por si eso no fuera lo bastante malo, mis papás insistieron en ir a buscar juntos nuestros resultados de las pruebas de ETS a la consulta del médico. ¡¿Podía ponerse más incómoda toda esta experiencia?!

La enfermera nos dio nuestros resultados al mismo tiempo y sencillamente... el... tiempo... se... ralentizó. Todo se movía a cámara lenta. Mi visión se nubló un poco. Al fin, logré enfocar la vista en los resultados de mi prueba y, en efecto, di negativo. Qué tremendo alivio. ¡Nunca me había parecido tan positivo ser tan negativo! Ahora, listo para convertirme en residente permanente, me apresuré a añadir un apéndice a mi trato con Dios: nunca volveré a acostarme con nadie *sin protección*.

Ante mi falta de clamidia y gonorrea, nuestros permisos de

residencia llegaron por correo unos meses después de nuestras pruebas de ETS. Mis padres y yo éramos por fin residentes permanentes de los Estados Unidos de América. Era extraordinario pensar que, a partir de entonces, ya no tendría miedo de viajar, ser interrogado por la policía, aplicar a un trabajo, manejar, entrar a un edificio federal, entrar a un hospital, sacar una tarjeta de crédito o ir a una escuela pública. Ya no me estaba acostando con nadie, pero pedí varias citas en la clínica gratuita de ETS del condado sólo porque podía.

La Universidad de California, Los Ángeles, es uno de los campus más bellos que he pisado nunca. Las figuras más importantes del último siglo —desde Albert Einstein hasta Martin Luther King Jr.— dieron conferencias en UCLA. Dos de los más grandes atletas americanos de los últimos cien años —Jackie Robinson y Kareem Abdul-Jabbar— asistieron a UCLA. Tanto Angela Davis como Judy Baca enseñaron aquí; James Dean y Jim Morrison tomaron clases aquí. Pero lo más importante era que mi papá siempre había soñado con trabajar aquí: en UCLA Medical. Como no pudo alcanzar ese sueño por sí mismo, pensé que quizá yo podría hacerlo por él.

Un grupo latino del campus me convocó para reunirnos antes de empezar el curso. Tengo bastante claro que era candidato a una beca. Me senté junto a tres universitarios latinos, un hombre y dos mujeres. Sentían curiosidad por mi ensayo personal, que había titulado «El espalda mojada». El ensayo parecía haber preocupado al comité. Les conté que, hacía unos años, había descubierto que no tenía papeles y que odiaba cómo esa expresión despectiva se utilizaba con gente como yo. La conversación iba bien hasta que una de las chicas preguntó:

—¿Qué piensas de la discriminación positiva?

Ah, interesante. Hasta entonces, apenas había pensado en el tema más allá de la vez en que mi consejera del instituto había mencionado que estaba en una muy buena posición para beneficiarme de ella. Pero entonces asistí a Mt. SAC y escuché a un viejo profesor blanco de Filosofía decir que la discriminación positiva era deficiente porque dos errores no hacen un acierto. No terminaba de entender lo que quería decir ninguno de los dos, pero, sin saber qué otra cosa decir, simplemente reiteré lo que mi profesor de Filosofía había dicho porque me sonaba provocativo.

—Dos errores no hacen un acierto —dije con una sonrisa, orgulloso de mi ingenio.

El problema de plagiar las ideas de otra persona es que no tienes preparadas las explicaciones que las siguen. Los miembros del comité se miraron con preocupación y continuaron:

—¿En qué sentido? —insistió ella con curiosidad.

—Ah, no sé. Simplemente es como que no lo hacen.

—Pero es evidente que tienes una opinión sobre el asunto —intervino el estudiante latino—. Por favor, desarrolla.

No tenía nada más que decir. El comité soltó un suspiro colectivo. Veía que estaban de mi lado, pero que yo no se lo estaba poniendo fácil. Me habían atrapado con las manos en la masa fingiendo ser más inteligente de lo que era. Cuando lo pienso, debí sonarle estúpido a aquel grupo de estudiantes comprometidos que trataban de ayudar a triunfar en UCLA a los recién llegados de comunidades marginadas. Pero no era culpa mía. Llevaba toda la vida siendo educado principalmente por profesores blancos y no todos podían ser tan progresistas como Liesel y Steve. Mis sensibilidades eran prácticamente las mismas que las de los americanos blancos. Me encantaban Shania Twain y Kelsey Grammer. El problema fue que nadie me enseñó en la preparatoria que la discriminación positiva no empezó con el movimiento por los derechos civiles en los años sesenta, sino que ha existido desde la fundación de esta nación. Sólo que, durante los primeros ciento ochenta y cinco años de la historia de América, benefició únicamente a los hombres blancos. Sólo los hombres blancos podían tener propiedades; sólo los hombres blancos podían votar; sólo los hombres blancos podían viajar libremente. Y, en cuanto la discriminación positiva empezó a beneficiar a gente que no pertenecía a ese grupo, por algún extraño motivo fue imprescindible que la práctica desapareciera inmediatamente. (Vamos, ¡ya sabes cuál es el maldito motivo!). Si iba a plagiar a alguien, debería haber plagiado a Chris Rock cuando dijo: «No creo que debieran admitirme en una escuela antes que a una persona blanca si saco una calificación más baja que ella, pero, si es un empate, ¡pues jódete! Carajo, tuviste una ventaja de cuatrocientos años, huevón». Pero no sé si lo dijo exactamente así. Y no hace falta decir que nunca volví a saber nada de aquel comité estudiantil.

El profesor de UCLA José Luis Valenzuela fue el primer educador latino que tuve en toda mi educación superior. ¿Te imaginas? Pasé toda mi escolaridad en el sur de California hasta llegar a la universidad antes de encontrar a alguien que compartiera mi experiencia migratoria en este país.

Nuestras vidas se cruzaron de una forma muy latina. Para ir a clase, había estado haciendo a diario el trayecto entre West Covina y UCLA. Salía de casa a las 5:30 de la mañana con mi mamá para que pudiera dejarme en la estación de tren antes de ir a trabajar. Entonces, tomaba el Metrolink desde Covina hasta Union Station en el centro de Los Ángeles, me iba en metro (en la línea roja) hasta Wilshire and Western y entonces me subía al autobús en dirección a UCLA para llegar a mi clase de las 8:00 de la mañana con cinco minutos de adelanto. El trayecto era preciso. No podía fallar nada. Y, si mi madre tenía un turno más temprano, llegaba a UCLA incluso antes de que abrieran los edificios. Afortunadamente, esos días el personal hispanohablante de conserjería me dejaba entrar para dormir en un sofá antes de la hora de apertura oficial.

Una mañana de otoño, llegué a UCLA tan temprano que me adelanté incluso al personal de conserjería. Estaba tan agotado por el trayecto que me quedé dormido en un banco frente al edificio de Teatro. Me desperté cuando sentí una presencia parada frente a mí. Era José Luis, mirándome tras su poblada barba blanca. Él no sabía quién era y, sin embargo, dijo:

—No quiero que nadie te vea durmiendo aquí afuera en el banco.

Traducción: no quiero que nadie vea a un estudiante latino durmiendo aquí afuera en el banco. Sin conocerme, José Luis me dio su llave de repuesto y me dijo:

—Si vuelves a llegar tan temprano, por favor, vete a dormir a mi despacho.

Y, tan pronto como había llegado, se fue. Me quedé anonadado. José Luis no sabía quién era, pero yo sí que sabía quién era él. Todos lo sabíamos. Tenía un aura de no andarse con huevadas. Todos los estudiantes de Dirección se esforzaban al máximo para impresionarlo. Para la mayoría era una presencia intimidante. Para mí no. ¡Parecía mi tío! Con aquel sencillo acto de bondad, José Luis me entregó las llaves de su reino, literal y figuradamente.

Me levanté del banco y me fui directo al despacho de José Luis. Su pequeño espacio de trabajo era un maldito desastre. Era un genio artístico loco y su despacho se veía como el taller de un genio artístico loco. Por culpa de mi papá, era un maniático del orden. Recuerda que mi papá era cirujano pediátrico y que la sala de operaciones debía estar impoluta en todo momento por el bien de la vida del paciente. Mi dormitorio siempre estaba tan limpio y ordenado como una unidad de cuidados intensivos. No iba a poder dormirme en el despacho de José Luis de ninguna manera. Aquel desastre me produjo ansiedad. Empecé a ordenar el espacio, no por él, sino por mí. Ni muerto iba a dejarme ver en un vertedero como aquel. Cuando José Luis regresó más tarde el mismo día, se quedó tan impresionado con cuán bien había organizado y coordinado sus papeles (léase, su desastre) que me nombró su asistente antes de haberme graduado. Estoy seguro de que rompimos alguna norma, pero José Luis y yo éramos gente que siempre había existido en los márgenes. Para nosotros, las reglas estaban para romperlas. O, en mi caso, para ordenarlas con cuidado, organizarlas alfabéticamente y, después, romperlas.

En todos mis años de educación, quizá había tenido uno o dos profesores latinos nacidos en los Estados Unidos antes que José Luis, pero todos ellos compartían conmigo mis sensibilidades de la cultura dominante. José Luis era inmigrante y estaba orgulloso de ello. Formaba parte del movimiento del teatro chicano, que había dado comienzo con Luis Valdez y su trabajo junto a César Chávez para apoyar a los campesinos de Delano. José Luis era un respetado director de teatro en Los Ángeles y siempre iba rodeado de un halo de dignidad y respeto cuando se paseaba por el campus. José Luis era tan increíblemente latino que era el director artístico de la Latino Theatre Company. Era el mentor que había anhelado toda mi vida.

Una mañana, me encontré paseando por la zona sur del campus de UCLA. Casi nunca me aventuraba tan al sur. UCLA era grande, pero estaba muy segregada. Yo siempre andaba por la zona norte del campus, con la gente de Humanidades. La zona sur era donde todos los alumnos eran esclavos de sus carreras: Matemáticas, Ingeniería, Ingeniería Informática y otras cosas de *nerds* que te prometían ganar millones. Mientras deambulaba, de pronto escuché una conmoción cercana. Un puñado de estudiantes estaban discutiendo alrededor de una mesa en la que dos del Club Republicano habían armado un cartel que anunciaba: «Venta de galletas con discriminación positiva». Los estudiantes multiculturales que rodeaban la mesa no estaban contentos, pero los dos tipos blancos de la fraternidad tras la mesa parecían muy satisfechos consigo mismos. Estaban tratando de darle una lección a todo el cuerpo estudiantil sobre los males de la discriminación positiva vendiendo galletas a los estudiantes blancos por cinco dólares y a las minorías por cincuenta centavos. La gente estaba enojada. Los estudiantes de color no querían las malditas galletas. Aunque estoy seguro de que algunos sí las querían porque la oferta era muy buena, pero nadie cedió.

Me presenté a las audiciones de todas las obras de UCLA, pero no me seleccionaron para ninguna. Fui a audiciones para Shakespeare, Tennessee Williams, Arthur Miller y otro puñado de manes blancos muertos, pero nada. Sabía que era más difícil entrar en el departamento de Teatro de UCLA que en la facultad de Derecho de Harvard, pero eso era ridículo. Me planteé cambiar de carrera a Sociología o incluso a algo más vago todavía. Entonces alguien decidió montar una producción estudiantil de *Ojos cortos* de Miguel Piñero, un drama carcelario, y me dieron el papel protagónico. Estaba eufórico. Por fin iba a actuar en el escenario de UCLA. Pero una tarde, en mitad del ensayo, rodeado del elenco formado principalmente por personas negras y morenas, pensé: *Espera. ¡¿No puedo estar en la Inglaterra victoriana, pero puedo estar en Sing Sing?!* Estaba furioso. Pero *Ojos cortos* lo dirigía una talentosa mujer negra, Noni, que, como yo, era una protegida de José Luis Valenzuela. Así que el problema era más complejo que el hecho de que la gente sólo fuera capaz de verme como un criminal. El problema era que, a menos que el papel exigiera un origen étnico específico, a los directores de UCLA no se les iba a ocurrir seleccionar a una persona de color. Y esto lo sé porque José Luis formaba parte del comité del profesorado que trataba de abordar precisamente ese problema: que los estudiantes de Dirección no seleccionaban a estudiantes de Interpretación pertenecientes a minorías para sus producciones. Sus respuestas al problema eran inocentes, sinceras y extraordinariamente dolorosas: «No es que no queramos seleccionar a minorías... es sólo que, cuando leemos un guion, pensamos en Brad Pitt y Leonardo DiCaprio, así que seleccionamos con base en eso». Aquello no era Hollywood, sino una institución de aprendizaje superior y, aun así, el profesorado ya tenía las manos llenas tratando de combatir la supremacía blanca internalizada provocada por la industria del entretenimiento. Ser un estudiante de una comunidad marginada en UCLA era agotador. No podía esperar a ver qué me deparaba el mundo real.

Unas semanas más tarde, se supo que a los del Club Republicano no se les había ocurrido la idea de la venta de galletas con discriminación positiva. En realidad, había sido un locutor de radio de derechas que se había puesto en contacto con el grupo estudiantil y había financiado todo el truco publicitario, que había terminado atrayendo la atención de muchos medios locales. Esto ocurrió en el apogeo de Rush Limbaugh: una personalidad de derechas que había logrado mezclar el racismo y el sexismo con el patriotismo personal. Como aprendí con el tiempo, este es un tema habitual a lo largo de la historia americana. La venta de galletas con discriminación positiva me enseñó una importante lección política para la vida. Ahora, siempre que surge un movimiento político alternativo que exige justicia, pero que no lucha por todos los americanos, me descubro preguntándome: *¿Quién está pagando por la masa de galletas?*

El viejo y el parqueadero

Al Pacino es un icono en la comunidad latina por interpretar a un cubano en *Caracortada* y a un puertorriqueño en *Carlito's Way*. Cuando era niño, todos los garajes en los que entraba tenían afiches de *Caracortada* colgados junto a las banderas de los Raiders. Pero, a decir verdad, hoy en día nadie podría seguir utilizando ese anticuado acento de *Caracortada*, ni siquiera el mismo Al Pacino. Los cubanos que ven la película ahora se quedan como: «*What da fuck, mang?!*».

Estaba ensayando mi acento chicano en UCLA para una obra que iba a dirigir José Luis —esforzándome por no sonar como Tony Montana— cuando ELLA entró en el aula. Una bomba de mujer, pequeña y morena, llamada Lupe Ontiveros. Lupe había interpretado a la empleada doméstica en más de un centenar de series, películas y obras de teatro, incluyendo la comedia protagonizada por Jack Nicholson y Helen Hunt *Mejor... imposible*. Lupe era una señora mayor mexicanoamericana con una risa escandalosa y un todavía más escandaloso sentido de propósito. Había sido una trabajadora social que debutó en el teatro con José Luis y que representaba a latinas fuertes en pantalla, como Nacha en *El norte*, Carmen en *Las mujeres de verdad tienen curvas* y Juanita en *Desperate Housewives*. Pero su papel más memorable para mí fue el de Yolanda en *Selena*, aunque ella no era para nada como el personaje traicionero que le disparó a Jennifer Lopez en la película biográfica de la superestrella tejana. Lupe entró en nuestro local de ensayo sin avisar, saludó a José Luis —que supo de inmediato que no debía interponerse en su camino— y procedió a hablar de LALIFF: el Latino International Film Festival de Los Ángeles. Le parecía que, como panda de jóvenes latinos que aspiraban a trabajar en la industria del entretenimiento, haríamos bien en plantearnos hacer de voluntarios en el festival, dado que era el único lugar de la ciudad donde la industria de Hollywood y la comunidad latina se juntaban. En ese momento, estábamos ensayando para un festival de teatro chicano y me pareció que el LALIFF sonaba exactamente como algo para mí. Decidí seguir el consejo de Lupe. A ver, ¡esa mujer mató a Selena!

LALIFF era una iniciativa que había lanzado la ciudad de Los Ángeles cuando una apasionada y muy dedicada mujer llamada Marlene Dermer y el fallecido programador de cine cubano George Hernandez, por un lado, y el icono latino de Hollywood Edward James Olmos y su socio filántropo Kirk Whisler, por el otro, presentaron propuestas rivales para crear el primer festival internacional de cine latino de Los Ángeles. A la ciudad le gustaron tanto ambas propuestas que les pidió a las dos facciones que unieran fuerzas. Y así nació LALIFF. Cuando me uní al festival de cine latino como voluntario, Marlene llevaba básicamente un espectáculo unipersonal, dado que, por desgracia, George Hernandez había fallecido, Kirk Whisler había pasado página para gestionar otras organizaciones sin ánimo de lucro y Edward James Olmos estaba rodando su megaexitosa serie *Battlestar Galactica*. Ella era de ascendencia peruana, así que sabía que estábamos destinados a enfrentarnos en batalla por nuestras arraigadas creencias sobre el origen del ceviche (¡la respuesta es Ecuador!). Marlene era una joven madre soltera, por lo tanto era una mujer resistente acostumbrada a trabajar sin ayuda. Vi muchísimos paralelismos entre lo que mi mamá había tenido que superar de joven y la historia de Marlene, así que estaba ansioso por ayudar.

Hacía de voluntario en el LALIFF todo lo que podía después de las clases y, cuando llegó el verano, fui con todo. Me presenté para colocar las sillas plegables para el programa juvenil, para hacer las compras del departamento de producción, para ir a recoger la comida de los voluntarios... en general, para hacer todo lo que hiciera falta. Una tarde, estaba tirado en el piso arreglando la parte inferior de un escritorio cuando ÉL entró en la sala: el activista y actor ganador de un Emmy y un Globo de Oro Edward James Olmos. Olmos es conocido por ser el único mexicanoamericano en haber sido nominado a un Óscar a mejor actor por su interpretación del profesor de una escuela pública del Este de Los Ángeles, Jaime Escalante, en la película *Con ganas de triunfar*. Había soñado con conocer algún día a Olmos, pero quizá en una situación distinta, cuando ya hubiera triunfado (¿lo captas?). Olmos se detuvo junto a la mesa que estaba arreglando, me miró y dijo:

—Gracias por todo el trabajo que estás haciendo.

Es irónico que el actor más exitoso de la comunidad latina en aquella época me encontrara, literalmente, trabajando *por debajo de la mesa*.

He aquí un truco que nadie me ha pedido para cualquiera que se pregunte por qué Edward James Olmos es un actor tan legendario y cómo poder llegar algún día a su nivel. Olmos siempre controló a los personajes que interpretaba. Así de sencillo. En *Blade Runner*, Ridley Scott no le pidió que se inventara un nuevo lenguaje futurista de Los Ángeles, sencillamente, lo hizo. Sólo aceptó participar en el *Miami Vice* original, la serie de televisión de Michael Mann, si le daban el control creativo total del teniente Castillo, lo que significó que nunca tuvo que seguir las órdenes de las estrellas de la serie. En el revolucionario musical *Zoot Suit*, mientras el resto de los actores hacía «teatro», Olmos interpretaba estilo kabuki como El Pachuco. Si quieres ser un gran artista, necesitas tener el control total de tu arte. Olmos hizo exactamente eso.

Una noche, estaba en el despacho de producción cuando descubrí que las entradas para la gala de inauguración del LALIFF estaban a la venta para el público general. Hasta entonces, creía que era un evento importante al que sólo se podía ir con invitación. Había visto salir invitaciones para gente de la talla de Andy García o Rita Moreno, así que no imaginaba que plebeyos como yo pudieran asistir simplemente pagando. Las entradas eran costosas, casi cien dólares cada una, pero había estado trabajando mucho y apenas había visto a mis papás. Pensé que sería la forma perfecta de que ellos y mis tíos vieran en lo que había invertido todo el verano. Le dije a mi supervisor que quería comprar seis entradas. Ahora que era residente permanente en el país, podía darme el lujo de tener cosas como una tarjeta de débito. No tenía mucha plata en el banco, exactamente seiscientos dólares, y los invertí en comprar seis entradas para la gala de inauguración del LALIFF para mi familia.

Cuando llegó la gran noche de la inauguración, yo estaba eufórico. No podía esperar a ver cómo era un festival internacional de cine. Pero, más importante, no podía esperar a ver a mis papás y a mis tíos, que raramente se permitían la extravagancia de ir a ver una película, por no hablar de ir a una noche de inauguración de Hollywood en el histórico Grauman's Egyptian Theatre. Diablos, ¡ni siquiera yo lo había hecho! Los gigantescos focos en la calle que alertaban al cielo nocturno de que se estaba desarrollando un evento importante hicieron toda la velada todavía más mágica. Anduve hasta la puerta principal, pasados los hombres de traje y las mujeres con vestidos, y vi a uno de mis compañeros colar a alguien en el evento. Entonces vi a otro miembro del personal hacer lo mismo. Fui hasta la taquilla y pregunté, curioso, si todo el equipo había comprado entradas para sus invitados. El coordinador de la taquilla me miró con una sonrisa apenada y dijo:

—No. Sólo tú.

Me impactó descubrir que todo el personal y los voluntarios estaba colando a sus amigos y familiares en la gala. Curiosamente, una de las personas que se coló fue la entonces desconocida y futura superestrella Eva Longoria. Hoy, Eva es una iconoclasta de Hollywood que tiene las puertas abiertas en todas partes y yo sigo pagando por mis malditas entradas para las galas.

Recibí a mis papás y a mis tíos y los acompañé por la alfombra roja con nuestras entradas innecesariamente pagadas. Mi mamá y mi papá no se lo podían creer. Estaban en una verdadera alfombra roja. *Dios mío.* Les encantó, pero no tardaron en sentirse muy fuera de lugar. No estaban hechos para la pompa y el glamur de Hollywood. Les mostré el patio histórico, los guie a través del nuevo vestíbulo y fui con ellos hasta sus asientos. Me sentí como si todavía estuviera traduciendo todo para ellos. Sólo que ya no traducía del inglés, sino de Hollywood. Mis papás y mis tías y tíos la pasaron muy bien. ¿Cómo no? ¡La noche me costó más de quinientos dólares!

Después de la gala de inauguración, Marlene quiso hablar conmigo. Me dijo que había oído que había pagado las seis entradas.

—¿Es eso cierto?

Todavía molesto, le aseguré que sí. Marlene estaba impresionada.

—No creo que nunca nadie del personal haya hecho eso —me dijo, considerándome a partir de entonces mucho más que un voluntario.

Desde ese día, Marlene nunca ha cuestionado mi lealtad a la organización.

Un día, mientras comía con los voluntarios, Lupe Ontiveros se presentó en el festival. Sin que ninguno lo supiera, Lupe había llamado personalmente a todos los restaurantes de la avenida César Chávez que habían donado comida para los voluntarios del LALIFF. Lupe era tan generosa con su tiempo que se sentó con nosotros y empezó a contar chistes. No sabía si volvería a tener la oportunidad de hablar con Lupe, así que pregunté en nombre de todos:

—¿No odias haber tenido que interpretar a tantas empleadas domésticas durante tu carrera?

El resto de los voluntarios se quedó mudo. Aunque no lo pretendía, la pregunta había sido de mal gusto. Y todavía tengo grabada la respuesta de Lupe:

—Interpreté esos papeles para que nadie más tuviera que hacerlo.

Guau.

Para evitar el tráfico entre West Covina y Los Ángeles, siempre llegaba temprano al festival y, por eso, el departamento de producción me hizo responsable de trabajar con la gente que llevaba el parqueadero. Siempre terminábamos necesitando más plazas para ganar espacio y eso teníamos que negociarlo con ellos a primera hora de la mañana. La mayoría de los parqueadores eran latinos y siempre estaban dispuestos a ayudarme. Sólo uno no lo era. Se llamaba John. Era un parqueador de aspecto pobre que debía rondar los noventa años. No entiendo cómo llegaron siquiera a contratarlo. Pero la gran virtud de John era su sentido de humor. Le encantaba contar chistes mientras daba los comprobantes del parqueadero. Cada mañana, veía a John con ropa que no parecía de su talla y con un amplio y desgastado sombrero de paja que nunca se quitaba para protegerse del implacable sol del sur de California. Cuando llegaba la comida para los voluntarios, siempre le preparaba un plato. John no era voluntario del LALIFF, así que no tenía derecho a nuestra comida, pero lo veía sólo cada mañana entregando los comprobantes bajo el sol abrasador y me compadecía del tipo. Pensé que le iría bien tener compañía y un poco de buena comida mexicana.

Unos días más tarde, Marlene salió corriendo del teatro fuera de sí. Alguien había interrumpido la proyección que estaba presentando para avisarle que habíamos perdido el espacio para una fiesta importante. Sobra decir que alguien estaba a punto de perder su empleo. Tratando de ayudar, sugerí la lujosa discoteca al otro lado de la calle llamada Les Deux. Marlene dijo que si creía que podía conseguirnos la discoteca de moda, que lo hiciera. Me fui a hablar de inmediato con el gerente de Les Deux, que me informó de que estaba en medio de una disputa con el dueño del edificio y dudaba que ninguno de los dos pudiera utilizar el espacio aquel fin de semana.

—¿Quién es el dueño? —pregunté.

El gerente me dijo que el dueño del edificio era la misma persona que poseía todos los parqueaderos de la ciudad.

—No es fácil hablar con ese hombre. Buena suerte.

Así que me fui a la oficina principal del parqueadero. Para entonces, toda la gente que trabajaba ahí me conocía del festival, así que, cuando pedí hablar con el dueño, la recepcionista no me puso ningún problema. Cuando me acompañó a su oficina, me quedé boquiabierto al ver a John sentado tras un enorme y lujoso escritorio. Su viejo y gastado sombrero de paja reposaba al alcance de su mano.

—¡Rafael! ¿Qué haces aquí?

—John... ¿eres el dueño del parqueadero?

—Por supuesto.

—¿Y también de Les Deux?

John puso los ojos en blanco y dijo:

—No me hables de ese lugar.

—Esto... bueno... queríamos alquilarlo para el festival de cine.

—Por ti, lo que sea, Rafael. No hace falta ni que me lo pidas.

Y esa, damas y caballeros, fue mi primera experiencia como productor de Hollywood.

Marlene tuvo la amabilidad de contarle al señor Olmos que yo ayudé a salvar el festival de aquel año. Todo el personal y los voluntarios quisieron saber cómo había logrado conseguir la discoteca más de moda de Hollywood... y prácticamente gratis. La respuesta era sencilla y también mi mayor lección como productor: sé siempre amable con todo el mundo. ¿Quién hubiese dicho que el viejo parqueador, que literalmente parecía un mendigo, era el dueño de casi todos los bienes raíces de Hollywood desde que los estudios empezaron a hacer estrenos en blanco y negro en el Grauman's Chinese Theatre? John estaba jubilado, llegando al final de su vida y, cuando no hacía de voluntario con los veteranos del ejército, estaba en el parqueadero de detrás del Egyptian Theatre entregando personalmente los comprobantes a la gente que venía de fuera de la ciudad y contándole chistes muy malos. Y resultó que se encariñó con un impresionable chico inmigrante que estaba haciendo de voluntario en un festival de cine latino en el corazón de Hollywood.

Los deportados

En el festival de cine, conocí a un español llamado Gorka. Esta estrella del *rock* retirada era una bestia, no sólo porque fuera más atractivo que las estrellas de cine a las que asistía con las relaciones públicas en la alfombra roja, sino porque sentía una pasión equivalente por la espiritualidad y la moderación, y por los extremos y vivir la vida al máximo. Gorka trabajaba todo el día conmigo como voluntario, desaparecía tres horas y regresaba para el turno de noche. Cuando le preguntaba dónde había estado, Gorka se encogía de hombros y decía: «La mansión Playboy».

Había otra española, también del País Vasco, que llevaba el departamento de prensa del festival. Se llamaba Miren y era una mujer alegre que no podía creerse que la gente no fumara más cigarrillos en California. Miren era una profesional consumada y su trabajo siempre era impresionante. La única situación en la que podía perder los estribos era si otra persona no estaba haciendo su trabajo.

Miren, Gorka y yo pasamos juntos las dos semanas enteras

del festival y no tardamos en hacernos amigos. Los acompañé al aeropuerto y me costó muchísimo despedirme de ellos. Me invitaron a venir a visitarlos a España. El único problema era que seguía sin tener un dólar. Así que, si no era por una cosa, era por otra.

Tras el festival de cine, recibí una llamada inesperada de Liesel y Steve. Nunca habíamos perdido el contacto y sabían que estaba disgustado por no poder ir a visitar a mis nuevos amigos a España. Fue entonces cuando me dieron la sorpresa de mi vida:

—Siempre nos hemos sentido mal porque no pudieras venir a Praga con el equipo de oratoria —explicó Liesel.

—También es una pena que nunca hayas podido salir del país —añadió Steve.

—Así que hemos acumulado bastantes puntos de viajero frecuente para que puedas ir a ver a tus amigos a España —soltó finalmente Liesel.

Me quedé sin palabras. Algo muy irónico, teniendo en cuenta nuestro historial de dar discursos juntos. Tras toda mi abrumadora deuda y el trabajo voluntario no remunerado, Liesel y Steve me estaban regalando un viaje gratis a Europa. Me dejaron hecho un desastre emocional. Pero, más importante, ¡me iba a España, *joder*!

★ ★ ★

Como quizá recuerdes, llegué a Madrid y fui detenido por las autoridades de inmigración por no tener un visado especial para entrar en España como ciudadano ecuatoriano. Y por eso me metieron en una cárcel dentro del aeropuerto a la espera de mi deportación.

Atónito, le pregunté al agente de inmigración al otro lado de los barrotes metálicos si, por favor, me dejaba hacer una llamada. Me explicó que tenía un teléfono público detrás de mí y que vendía tarjetas de llamadas cada día al mediodía y a las seis de la tarde. Dado que era mediodía, podía venderme una.

—Sí, por favor —le supliqué.

Intercambié la poca plata que llevaba en el bolsillo por una tarjeta de llamadas y corrí al teléfono público, sólo para descubrir que había una cola de gente esperando para utilizarlo. Por mucho que tratara de parecer un pandillero duro cuando estaba en la escuela intermedia, nunca antes había estado en una cárcel. Tristemente, la escena era exactamente como la que representaban en la televisión americana: muchos hombres desesperados esperando su turno para llamar o anticipando ansiosamente la llamada de alguien. Había otra cosa que era tal y como en las series de televisión americanas sobre cárceles que había visto hasta entonces: todo el mundo en aquella cárcel española era negro. Todos hablaban español, pero eran claramente afrodescendientes. Había afrocubanos, afrovenezolanos, afrocolombianos y afropanameños. Como yo, casi todos eran latinoamericanos. A diferencia de mí, todos eran de pigmentación oscura. Eso fue como si me atropellara un camión. Tenía la esperanza de que el racismo fuese un invento americano como mi familia privilegiada de piel clara en Ecuador siempre afirmaba. Pero ahí, frente a mis propios ojos, estaba la prueba de que daba igual en qué parte del mundo vivieras, ser negro iba en contra de que te dejaran vivir en paz.

Por fin llegó mi turno para utilizar el teléfono y llamé a Miren, que, por su parte, estaba muy preocupada. Había estado esperándome a la salida del aeropuerto, pero nunca aparecí. Le expliqué mi situación.

—¿Necesitabas un visado especial? ¡Joder!

Miren me dijo que iba a llamar a un amigo suyo en el consulado español en Los Ángeles para resolver el problema del visado especial, pero que yo debería llamar a la compañía aérea para que me devolviera la plata de mi vuelo. Miren siempre mantenía la calma bajo presión. Colgué con ella y marqué el número de Continental Airlines. Le expliqué mi situación a la operadora de atención al cliente, que lo sintió mucho por mí. Me dijo que iba a adjudicarme un nuevo...

—¿Hola? ¡Hola!

Se había cortado la línea. Se me había agotado el saldo en la tarjeta de llamadas justo cuando estaba a punto de recuperar toda la plata de mi vuelo. ¡Mierda! Corrí de regreso hacia los barrotes y le supliqué al agente de inmigración que me diera otra tarjeta de llamadas. El agente miró con indiferencia el reloj en la pared. Ya eran las doce y veinte del mediodía.

—Como ya le he dicho, sólo vendo tarjetas de llamadas al mediodía y a las seis de la tarde —dijo tranquilamente antes de volver a su periódico.

Al principio pensé que bromeaba, pero, cuando ignoró mis dos siguientes súplicas, me di cuenta de que iba totalmente en serio. No iba a venderme la tarjeta de llamadas. Derrotado, regresé al banco junto al teléfono y me senté. Estaba nervioso. No sabía qué iba a ser de mí. Y, peor, temía cómo fueran a reaccionar mis padres.

La celda estaba llena de pósteres con motivos de la naturaleza, como pájaros tropicales y serenas cataratas. Todas las imágenes eran de lugares de Latinoamérica. Era evidente que los habían colgado para hacer sentir como en casa a los residentes temporales de la cárcel. Me entristece informar que, por supuesto, había un póster de Ecuador y que hizo que el lugar se sintiera más acogedor. Es triste que tuviera que irme hasta España y ser deportado para empezar a extrañar Ecuador. Era un póster de un loro tropical en las islas Galápagos, un lugar que la mayoría de los ecuatorianos pobres nunca podrán permitirse visitar. Ya eran las seis menos diez de la tarde y llevaba más de siete horas en cautiverio. Estaba perdiendo la cabeza. Anduve hasta los barrotes de acero y le pregunté al agente de inmigración si, por favor, podía venderme una tarjeta de llamadas. En lugar de mirarme a mí, volvió a posar indiferente los ojos en la pared y, como todavía faltaban unos minutos para las seis, regresó al papeleo sobre su escritorio. Igual que en las películas, me apoyé contra los barrotes como un criminal sin derecho a fianza. Debí ser algo muy triste de ver. Cuando el reloj por fin marcó las seis de la tarde, el agente me miró y dijo algo que me hizo hervir la sangre. El muy huevón dijo:

—¿En qué puedo ayudarlo?

Regresé corriendo al teléfono público con lo que pensé que serían suficientes tarjetas para toda una vida y empecé a hacer todo tipo de llamadas. Volví a ponerme en contacto con Miren, quien, para entonces, ya había trazado un plan paso a paso sobre lo que tenía que hacer para obtener mi visado especial en el consulado español cuando regresara a Los Ángeles. Después, hablé con Gorka, quien me sacó un nuevo pasaje de tren para poder ir a verlo a Pamplona. Después, llamé a Continental Airlines. Esta vez, sin embargo, no logré hablar con la encantadora agente de atención al cliente que había sido tan increíblemente comprensiva conmigo. En cambio, me conectaron con un desagradable agente que no quería ni hablar conmigo. Le conté mi inverosímil experiencia de viaje, pero le dio igual:

—Ya nos han multado con cinco mil dólares por permitirle volar sin un visado especial —dijo con un tono de voz reservado sólo para los hijos no deseados—. No le debemos nada.

Por miedo a agotar mi saldo, me apresuré en cambiar de estrategia y explicar amablemente que había hablado con una agente de atención al cliente y que iba a adjudicarme un nuevo...

—¿Hola? ¡Hola!

Se había cortado la línea. Había vuelto a quedarme sin saldo. Esta vez no me molesté en volver a hablar con el agente de inmigración para comprar otra tarjeta.

Aquella noche dormí con los zapatos puestos. No me gustaba cómo uno de los inmigrantes de mi celda los miraba, así que no me los saqué. Tampoco logré dormir nada porque el tipo en la litera metálica de arriba no dejaba de llorar. Según él, entrar en España era su única esperanza para mantener a su familia. No recuerdo de dónde venía nadie de nuestra celda de cuatro personas, excepto el ruso. El ruso tenía una historia desgarradora. Había dejado su minúsculo pueblo que nadie conocía en Rusia pocos días antes de que un tiroteo que había terminado en una matanza lo hiciera protagonizar titulares por todo el mundo. Es una historia terrible que no merece ser repetida, pero que incluye a muchos niños pequeños. Como el minúsculo pueblo que nadie conocía estaba ahora en las noticias internacionales, le denegaron la entrada en España. Como el resto de los inmigrantes, tenía amigos y familiares esperándolo con ofertas de trabajo preparadas. A todos se les estaban denegando estas oportunidades por haber nacido en el lugar equivocado o con el color de piel equivocado.

A la mañana siguiente, cuando llegó la hora de deportarme de vuelta a los Estados Unidos, los agentes de inmigración no se anduvieron con sutilezas. Me esposaron y me montaron en un carrito eléctrico que me llevó hasta las escaleras del avión. La policía española me acompañó hasta mi asiento, me quitó las esposas y se fue mientras los pasajeros y las azafatas que no entendían nada me miraban aterrados. Estoy seguro de que todos pensaron que, en el mejor de los casos, era un criminal y, en el peor, un terrorista. Un terrorista muy atractivo, pero un terrorista, al fin y al cabo.

Cuando llegué de vuelta a los Estados Unidos, no tuve el valor de regresar a casa. No quería contarles a mis papás lo que había ocurrido. Durante todo mi calvario en España, no los había llamado ni una sola vez. No quería que tuvieran que cargar con mi estupidez. Me fui con Liesel y Steve, quienes se sentían muy culpables por el problema del visado especial. Sintieron que, si no hubiesen comprado el pasaje en mi nombre, alguien lo hubiese mencionado antes de que pudiera poner un pie en el avión. Pero las arbitrarias leyes de inmigración de este mundo no son culpa suya. Igual que tampoco es culpa suya que estemos viviendo acotados por fronteras amuralladas, pero existiendo en un sistema económico sin fronteras. Gracias a Miren, el consulado español en Los Ángeles me concedió mi visado especial en un día y me subí a otro avión con destino a España pocas horas después. Conseguí que el vuelo me saliera también gratis gracias a Liesel. El servicio de atención al cliente no quería escuchar a un universitario latino arruinado, pero por supuesto se puso firme cuando una clienta que les reportaba mucha plata llamó para reclamar. Ya en el aeropuerto listo para regresar a España, por fin decidí llamar a mis papás. Contentos por saber de mí, me preguntaron dónde estaba:

—¿Estás en Madrid con Miren?

—No —dije.

—Ah... ¿Estás en Pamplona con Gorka?

—Todavía no.

—¿Estás en San Sebastián?

—Estoy con Steve y Liesel en Los Ángeles. Me deportaron desde España. Pero no se preocupen, ya me voy para allá de regreso.

Mis papás se quedaron mudos.

Todo lo que salió de mi boca debió parecer una locura. No puedo ni imaginarme lo que se les debió pasar por la cabeza a mis papás. Volví a volar sobre el Atlántico. Aterricé de nuevo en España. Cuando bajé del avión, anduve hasta la misma garita de aduanas y el mismo agente español me pidió mis papeles de inmigración. Vio mi pasaporte ecuatoriano y, de golpe, levantó la mirada, sorprendido por que hubiese regresado a por más. Esta vez dejé el visado especial que me exigían sobre mi pasaporte ecuatoriano, seguido por mi permiso de residencia permanente en los Estados Unidos de América. Sonreí. El funcionario español selló reticente mi pasaporte ecuatoriano, que, por fin, me daba acceso a Europa. Me puse de nuevo mis gafas de sol y salí triunfante del aeropuerto español. Observé Madrid por primera vez. Era muy hermoso. Pero debo admitir que me dolió en el alma ver que, predominantemente, sólo dejaban entrar a turistas blancos en el país.

La comedia con el título que nadie quiere pronunciar

Allan y Miles eran muy buenos amigos míos de Mt. SAC. Los tres habíamos viajado mucho juntos con el equipo de oratoria. Pero lo nuestro no fue simplemente practicar oratoria y debate: hicimos polvo todo el panorama de oratoria y debate del oeste de los Estados Unidos. Si sueno arrogante es porque éramos estudiantes de escuela universitaria enfrentándonos y destrozando a alumnos de universidades tradicionales. Ganamos torneos de oratoria locales, estatales y nacionales. Y lo hicimos representando a las tres mayores minorías del país: Allan era asiáticoamericano, Miles era afroamericano y, bueno, mi historia ya la conoces.

Allan y Miles hicieron un traslado de expediente a UCLA un año después de mí. Mientras yo seguía haciendo el trayecto cada día desde casa de mis papás hasta Westwood, Miles se instaló en la residencia de estudiantes y Allan encontró un departamento a un precio razonable. Ahora que estábamos en la misma universidad, empezamos a pasar todo el tiempo juntos. Parecíamos un anuncio de United Colors of Benetton con patas. Seguíamos la norma no escrita de que uno de ellos tenía que dejarme pasar la noche con él si estaba demasiado cansado para regresar a casa. Esto terminó por evolucionar en que Miles me colara en la cafetería de su residencia cada día y que Allan me dejara dormir en su departamento cada noche.

Fue por estas fechas cuando me quejé con Liesel y Steve sobre mi experiencia en UCLA. Más allá de José Luis y de un festival de teatro chicano del que formaba parte, no me sentía interpelado por nada y seguían sin seleccionarme para nada que se representase en el escenario principal. Estaba cada vez más resentido por la falta de historias y papeles en el teatro para la gente de color y empezaba a creer que no había ningún lugar para mí en la industria del entretenimiento que fuese a sentirse honesto y auténtico. Por suerte, aunque seguía siendo una representación insuficiente, descubrí el trabajo teatral de John Leguizamo, Tim Miller, Anna Deavere Smith y Spalding Grey. Me pregunté en voz alta si quizá debería escribir una obra unipersonal.

—Ay, por favor, no lo hagas —dijo Steve como si lo hubiera insultado—. Muchas veces se hacen difíciles de mirar.

—¿Por qué no se juntan con Miles y Allan y montan algo los tres? —sugirió Liesel.

—Sí, como una obra unipersonal a tres —contestó Steve, ahora algo más abierto a la idea.

Quizá tenía sentido que uniésemos fuerzas. Por aquel entonces, Allan estaba empezando a participar en *slams* de poesía y

Miles en el circuito de monólogos. Les pregunté a los chicos si les interesaba escribir una nueva obra conmigo. Les pareció bien siempre y cuando pudieran cuadrar los horarios con todo lo que hacían en la universidad.

Los chicos y yo nos reunimos con Steve y Liesel y fue como regresar a los viejos tiempos. Teníamos un lenguaje propio entre nosotros a raíz de esos buenos dos años que pasamos juntos en el equipo de oratoria. No tardamos en repartirnos las tareas. Nuestro primer tema: ¿Cuándo fue la primera vez que recuerdas haberte sentido diferente?

Allan y yo nos tomamos la tarea en serio. Por supuesto, Allan tenía que eclipsarnos a todos y habló de la primera vez que recuerda escuchar la palabra «chinito» en el patio de la escuela. Nos contó la desgarradora historia de cuando la niña que le gustaba le dijo que no era tan atractivo como Tom Cruise (el galán americano al que Allan idolatraba) porque era un «chinito». Lo que yo escribí no era tan emotivo, pero también tenía mucho que ver con la identidad cultural porque hablaba del año en que me teñí el pelo de rubio y pasaba por blanco, y de cómo la policía dejó de acosarme y las chicas empezaron a hablar más conmigo. Miles, por su parte, escribió una escena sobre un Papá Noel negro al que nadie aceptaba en Navidad porque, como no blanco, lo más probable era que lo obligaran a hacer servicios comunitarios mientras repartía juguetes a los niños. De la misma forma en que Allan siempre encontraba la manera de superar las expectativas en sus tareas, Miles siempre sabía hacerlas mal, pero sorprendentemente divertidísimas.

Por las mañanas, yo trabajaba en la librería de Derecho de

UCLA, después, me iba a mis clases de teatro en UCLA y, finalmente, terminaba las noches en casa de Liesel y Steve sentando
las bases de una nueva obra. Tras leer la historia de Allan, le
preguntamos qué hizo cuando la niña lo llamó «chino».

—Bueno —dijo Allan—, se lo conté a mi mamá y me dijo
que quizá algún día podría hacerme la cirugía.

—¿Qué es la cirugía? —pregunté inocentemente.

La cirugía era una blefaroplastia, una operación de los pár-
pados, y era bastante habitual en las comunidades asiaticoame-
ricanas. Me dejó helado. Conocía muy bien a Allan y a su dulce
madre, y, sin embargo, nunca había escuchado ese incidente en
particular. No tenía ni idea de que la automutilación del rostro
fuese tan común en la comunidad asiática global en un intento
de parecer más caucásicos.

Entonces nos pusimos con lo que yo había escrito. Al grupo
le había parecido correcto, pero nadie entendía por qué estaba
obviando la dificultad más evidente con la que había tenido que
lidiar: criarme indocumentado en los Estados Unidos. *Ah, sí*,
pensé. Eso había ocurrido. Todavía no estaba listo para hablar
de mí mismo, así que me escondí tras el viaje de mis papás.
Estaba receptivo a la idea de compartir su historia.

La escena del Papá Noel negro que había escrito Miles era tan
increíblemente divertida que estábamos decididos a utilizarla
de alguna forma, pero, como habían hecho conmigo, tratamos
de hacer profundizar un poco más a Miles. Le preguntamos si
recordaba la primera vez que había escuchado «la palabra». ¿Que
si lo recordaba? Miles dijo que fue en una escuela predominantemente blanca, rodeado de sus amigos predominantemente

blancos, leyendo *Huckleberry Finn*. La palabra aparece un buen puñado de veces a lo largo de la novela de Mark Twain. Y, aunque ya la había escuchado antes, no fue hasta que su clase predominantemente blanca la encontró en el libro y todo el mundo se volteó para mirarlo que Miles la relacionó consigo mismo. *Carajo*. Esa mierda era dura... ¡pero también una historia fantástica para compartir sobre el escenario! Me sentía extrañamente celoso de que la historia de racismo de Miles fuera mejor que la mía. Aunque, pensándolo bien, la gente no negra siempre anda queriendo la experiencia negra sin tener que ser negra.

Mientras que la obra y cada acto iban tomando forma, seguíamos teniendo un gran problema ante nosotros: ¿cómo íbamos a titularla? Tratábamos de no darle demasiadas vueltas y centrarnos en la escritura. Me parecía increíble que los tres fuésemos tan distintos —y que, literalmente, viniésemos de distintas partes del mundo— pero que, sin embargo, tuviésemos en común el habernos sentido diferentes desde una edad temprana. Había tres términos despectivos que no dejaban de aparecer durante nuestro proceso creativo: *n*gger*, *wetb*ck*, *ch*nk*; apelativos racistas utilizados como insultos contra las personas afroamericanas, latinas y asiáticas en los Estados Unidos, que trataban de encasillar nuestras identidades culturales personales. Pero nos negábamos a permitírselo. Los cinco nos reunimos para hacer una lluvia de ideas y decidir el título. Aquello era un espacio seguro donde no había malas ideas. Empezamos a soltar cualquier cosa:

¿El show de la raza?.

¿La minoría vocal?.

Ethnic *Friends?*.

¿Racialesco?.

¿América reinventada?.

Entonces, alguien bromeó: «*¿N*GGER, WETB*CK, CH*NK?*».

Cuando surge un título poderoso, se deja notar. El problema, por supuesto, era cuán controvertido sería ese título, independientemente de que nuestra intención fuese animar el debate respecto a esas palabras de odio. Pero no dejaban de aparecer en lo que escribíamos. Eran inevitables. Debo admitir que *Ethnic Friends* le hizo la competencia, pero ninguno de nosotros quería una denuncia de la NBC por utilizar la misma tipografía que *Friends*. Así que escogimos el camino más difícil: tener un diálogo sobre el discurso de odio racista en América.

Teníamos un guion y un título, pero ahora necesitábamos plata para montar la obra. Necesitábamos vestuario, decorados y un teatro. Mi sueño era conseguir alquilar el Freud Playhouse, que estaba reservado únicamente para compañías profesionales itinerantes, como la Royal Shakespeare Company. *Maldita sea*, pensé. *Shakespeare ataca de nuevo*. Esta vez estaba decidido a vencer al bardo. Pero, por desgracia, el Freud Playhouse era demasiado costoso y estaba fuera de nuestro marginado alcance. Y, entonces, se nos ocurrió la idea de convertirnos en un grupo estudiantil del campus. Estos grupos podían aplicar a los fondos del campus para actividades. Esta financiación salía de la plata que habíamos pagado en nuestras tasas del curso, así que sólo estábamos aplicando a unos fondos que ya habíamos pagado como estudiantes. Descubrimos que sólo hacían falta cuatro cosas para convertirnos en un grupo estudiantil de UCLA. La primera era tener tres miembros: Allan, Miles y yo. La segunda era tener cargos oficiales: todos confiábamos en Allan como tesorero y yo logré vencer a Miles en las presidenciales, subrayando todo lo que mi administración había logrado cuando fui delegado del último curso de la preparatoria. La tercera era definir una misión: nos inventamos una sobre la marcha. Y la cuarta era tener un nombre. Si examinas los registros de UCLA, verás que existió un grupo estudiantil llamado N*GGER WETB*CK CH*NK y que el grupo aplicó y recibió quince mil dólares para su primera producción. Por cierto, sólo obtuvimos esa financiación porque nadie en el cuerpo de gobierno estudiantil quiso constar en acta diciendo ninguna de esas palabras, lo que se hubiesen visto obligados a hacer si querían objetar contra la financiación de cualquier programa.

No tardamos en alquilar un teatro en el campus, escoger una fecha para el estreno y empezar a promocionar la obra. La promoción fue una excelente lección sobre la diferencia entre bromas privadas y bromas públicas. Si hubiésemos colgado afiches con nuestras caras junto al título, quizá la gente lo hubiese captado. En cambio, nuestros pósteres rezaban sin más: «*N*-GGER WETB*CK CH*NK* ESTA NOCHE». La indignación fue rápida y furiosa. Pensamos que quizá escandalizaríamos a unas cuantas personas, pero nunca creímos que tendría esta magnitud. Aunque, irónicamente, quienes más se ofendieron no fueron de ascendencia afroamericana, latinoamericana o asiáticoamericano. Destruyeron nuestros afiches. Hubo quien arrancó «N*GGER», pero dejó «WETB*CK» y «CH*NK» porque eso le daba igual. Otros tacharon los tres y escribieron «Blanquito,

blanquito, blanquito». También hubo gente que directamente se llevó los afiches a casa. Éramos un grupo estudiantil oficial, así que teníamos todo el derecho a promocionar nuestra obra en el campus. Tuve que poner una denuncia en la policía por los afiches robados y, cuando le dije al curtido agente blanco el título de la obra, me miró a los ojos y se limitó a preguntar:

—¿Cómo se escribe «ch*nk»?

La noche de nuestra primera representación estábamos al borde de un ataque de nervios. Ninguno de nosotros había invitado a sus padres. Estábamos concentrados en tratar de no olvidar nuestros diálogos y en esperar que se presentara bastante gente para justificar el haber alquilado un auditorio de trescientas plazas. Nunca me había gastado tanta plata en nada. No ayudó que un pequeño grupo de manifestantes organizara una protesta contra nuestra obra. Por un momento creímos haber cometido un terrible error montando aquello. Pero entonces, de la nada, la audiencia entró en tropel. El auditorio sólo tenía trescientas butacas, pero se presentaron cuatrocientas cincuenta personas. Había tanta expectación por la obra que los manifestantes se rindieron y se unieron a la cola para tratar de entrar ellos también. Tuvimos problemas con los dueños del local porque la gente rompió la puerta de salida para colarse y vernos. Fue un caos. Y, entonces, subimos al escenario.

Todavía lloro cuando me acuerdo de aquellas primeras representaciones. Había tanto que dependía de una sola obra... Por un lado, queríamos que a la gente le gustara lo que habíamos escrito. Por otro, queríamos que a la gente le gustara cómo actuábamos. Y, además, por otro, queríamos gustarle a la gente como personas. La respuesta y la reacción a aquella primera noche fue abrumadora. Se corrió la voz muy deprisa en el campus. ¿Quiénes eran esos chicos? ¿Qué era esa obra? ¿Y qué nervio habían tocado que ahora todo el mundo parecía querer hablar repentinamente de la raza? Entonces, hicimos lo que no había hecho nunca ningún otro grupo estudiantil: fuimos al Freud Playhouse y les entregamos un cheque por el valor de lo que habíamos ganado en las dos primeras representaciones. Alquilamos un teatro profesional para compañías itinerantes. Íbamos a subirnos al escenario principal de UCLA.

Hugh Hart, un periodista del *L.A. Times*, oyó hablar de la obra y quiso venir a verla por sí mismo al Freud Playhouse. Tuvimos la mala suerte de que esa noche llovió. Teniendo en cuenta que estábamos en Los Ángeles, temíamos que nadie se presentara y que aquella sala de casi 600 butacas fuera a estar ocupada sólo por el mismo Hugh. Pero esa no era la historia que sería contada. En cambio, el periodista del *L.A. Times* escribió sobre cómo cientos de personas esperaron alrededor del teatro bajo el frío y una lluvia torrencial solamente para experimentar una obra que había desarrollado un seguimiento de culto. Tituló el artículo: «Malas palabras, endiablada diversión». El artículo de Hugh corrió todavía más la voz sobre nosotros.

José Luis, mi mentor teatral, vino a hablar conmigo tras haber llenado dos veces el Freud Playhouse y me dijo estoicamente:

—No puedo pronunciar en voz alta el título de tu obra, pero es importante y quiero producirla en el Los Angeles Theatre Center.

Y, así de fácil, *NWC* estaba en preparación para su primera representación profesional en el centro de Los Ángeles. Llenar un teatro con cientos de universitarios era una cosa. Una audiencia general de sentenciosos angelinos que sólo iban al teatro en Los Ángeles si la obra estaba producida por el Center Theatre Group era otra.

Con el apoyo de la Latino Theater Company, pudimos mantener el éxito de *NWC* en Los Ángeles. Liesel y Steve se unieron a nosotros para codirigir la obra. Además, Steve supervisó los nuevos decorados y el diseño de vestuario, y Liesel se ocupó de la electrónica y del diseño de luces, dejándonos libres a Miles, Allan y a mí para trabajar en nuestras actuaciones y en las rondas de preguntas al final del espectáculo, de las que sabíamos que habría muchas. No tardamos en crear seguidores en el centro de Los Ángeles y empezamos a llenar el teatro. Le atribuyo parte de nuestro éxito a mi familia. Tenía tantos amigos, tías y primos que llenamos las primeras dos semanas sin ningún esfuerzo. La Latino Theater Company también tenía un seguimiento notable, así que los latinos adinerados llegaron en tropel. Prorrogamos dos veces las representaciones en el centro y el único motivo por el que tuvimos que parar fue porque llegaron los exámenes finales, no porque el público hubiese perdido el interés. Allan y yo fuimos los primeros de nuestras familias en graduarnos de la universidad en los Estados Unidos. Por eso, romperla en los finales era más importante que nuestro sueño de seguir llenando un teatro en el centro de Los Ángeles con otra prórroga. Sin embargo, *NWC* logró ambas cosas.

Después de que los tres nos graduamos de UCLA (Allan

y Miles con sus licenciaturas y yo con mi maestría), los cinco firmamos como colectivo con una agencia de representación. Pero no cualquier agencia de representación. David Lieberman era un maestro de las giras por centros de artes interpretativas. Representaba a la *crème de la crème* entre las compañías de teatro nacionales. Era el representante de Actors' Gang, Merce Cunningham Dance Company, Circle in the Square, The Watts Prophets, Kronos Quartet y, ahora, N*GGER WETB*CK CH*NK. Por si estás llevando la cuenta en casa, pasamos de ser una obra estudiantil a una compañía profesional en el centro de Los Ángeles y a tener una gira nacional en sólo tres meses.

Un tipo de Kentucky

Estuvimos de gira por toda la nación durante tres años seguidos. El *L.A. Times* comparó *NWC* con la comedia de Chris Rock y los principios de Culture Clash, y el *Seattle Post-Intelligencer* declaró que éramos «los anti-Tres Chiflados: ni bufones, ni víctimas». La gente se indignaba con el título allá donde íbamos, pero luego respondía increíblemente bien a la obra en sí. Nosotros, por nuestra parte, estábamos agotados. Pasábamos nueve meses al año de gira. El estrés de una gira nacional y de ser copropietarios de un negocio estaba haciendo mella en nosotros. Liesel y Steve sabían cómo lanzar empresas exitosas, pero Miles, Allan y yo estábamos descubriendo por primera vez cuán difícil era. Para usar una expresión sobre la que Allan me reprendió: empecé a ver que aquello era un trabajo de chinos. Nos esforzamos tanto en presentarle al público un espectáculo perfecto, mientras tratábamos de pagar las facturas y de que nos salieran las cuentas, que nos olvidamos de trabajar en nuestra amistad.

Liesel se tomó un año sabático de la universidad para hacer

el principio de la gira con nosotros, pero el segundo año tuvo que regresar a Mt. SAC y Allan, Miles, Steve y yo seguimos sin ella. Liesel continuó ocupándose de gran parte de la logística desde casa y Steve se convirtió en nuestra mamá gallina en la carretera y en el «tipo blanco de rigor» que nos sujetaba el micro durante las rondas de preguntas. Por cierto, ¡Steve acababa de cocrear la exitosa serie animada *Ben 10* para Cartoon Network y aun así insistió en quedarse con nosotros para ayudar en la gira! Pero, para finales del segundo año, dejamos de salir juntos después del espectáculo. A medida que la obra se nos hacía cada vez más pesada, empezamos a quedarnos más a menudo cada uno en su habitación. Lo creas o no, el poder de *NWC* no era la actuación, ni siquiera la comedia. Era el público. No siempre andábamos cambiando vidas, pero *NWC* obligaba a la gente a autoexaminarse mientras reía. El título siempre era polémico y estaba presente en todo momento en las charlas. Afortunadamente, una parte importante del proyecto consistía en tener residencias en cada comunidad que visitábamos para organizar conversaciones y talleres en torno a las problemáticas de la obra. Sin embargo, este trabajo tan importante nos pasó factura. Estoy convencido de que parte del público se reía sin ninguna introspección profunda, pero, mientras una sola persona lo entendiera, toda la gira valía la pena. Si no me crees, escucha lo que ocurrió en Kentucky.

Representamos toda la obra y después hicimos la ronda de preguntas. Odiábamos en secreto aquella parte porque sentíamos que el público necesitaba tiempo para digerir el espectáculo antes de empezar a preguntar algo. Pero lo que en realidad vendían nuestros representantes eran las rondas de preguntas y el diálogo comunitario, así que no teníamos más remedio que hacerlas. Un tipo joven, blanco, flaco y con gafas de la primera fila levantó la mano para hacer una pregunta. Mientras Steve se apresuraba en traerle el micro, nos dimos cuenta de que estaba llorando. Miles, Allan y yo nos miramos pensando: *Esto es una comedia, ¿qué hicimos mal?* El tipo de las gafas, que ahora sostenía el micrófono, no tenía ninguna pregunta. Simplemente quería decir:

—Sólo he llorado dos veces en la vida. La primera fue con *Titanic*.

Guau. Hay que ser muy valiente para admitir eso en voz alta.

—Y la segunda —continuó— ha sido durante este espectáculo. Porque, mientras contaban sus historias, me identifiqué con ustedes. Y me di cuenta de que nunca me había identificado con una minoría porque las únicas minorías que había visto en la vida estaban siendo arrestadas en televisión. Sólo quería darles las gracias... y prometerles que voy a trabajar en esto.

A pesar de la tensión creciente entre nosotros, los chicos y yo sentimos que era importante seguir con la obra. Ese comentario nos hizo sentir como en *La lista de Schindler*: «Aquel que salva una vida, salva el mundo entero». No estoy tratando de comparar *NWC* con la ley judía, pero aquel espectáculo nos dio un propósito. Siempre que nos cansábamos de actuar, sólo teníamos que recordar al tipo blanco y flaco de Kentucky.

Llegamos a Olympia, Washington, poco después de nuestra representación en Kentucky. Desafortunadamente, fue el mismo fin de semana en que la NAACP, la Asociación Nacional para el Progreso de las Personas de Color, iba a celebrar el funeral de la *N-word*. Mal momento. La división local de la NAACP quería que la gente dejara de utilizar la palabra, así que, como acto simbólico, iba a celebrar literalmente un funeral por ella. Eso no era bueno para nosotros porque, para poder representar la obra, teníamos que decir la palabra. Por si eso no bastara, el Departamento del Sheriff vino a buscarnos detrás del escenario mientras nos preparábamos para actuar y nos informó de que habían interceptado actividad neonazi *online*. Olympia, Washington, era un hervidero del KKK y con neonazis activos que estaban cabreados por que hubiésemos traído la obra a su ciudad. Al parecer, los neonazis pensaban que *N*G-GER WETB*CK CH*NK* era una obra pensada para criticar a la gente blanca. Supongo que a los neonazis no les gusta leer porque, al parecer, no habían leído el título. ¿Quién dijo nada de la gente blanca? El Departamento del Sheriff se tomó el tiempo de explicarnos qué hacer en caso de que hubiese disturbios raciales dentro del teatro. Antes de salir al escenario, escuchamos a miembros de la NAACP que protestaban contra la obra en la calle. No hubo ningún disturbio racial dentro del teatro en Olympia, Washington, pero a la salida se juntaron personas negras y personas blancas unidas por su odio hacia nuestro espectáculo. De ninguna manera estoy comparando un grupo de odio con un grupo que lucha genuinamente por la mejora de las condiciones de las comunidades marginadas, sólo señalo que *NWC* unió a las personas más que cualquier otra cosa que puedas imaginar.

Como todas las grandes bandas, *NWC* terminó por separarse.

No fue por ninguna falta de interés, sino porque los tres éramos demasiado jóvenes y necesitábamos tiempo para reflexionar sobre lo que queríamos en la vida. Yo ya sabía lo que quería. Era *NWC*. Tuve la oportunidad de escribir y protagonizar algo que había creado. Eso es increíblemente empoderante. Pero, al fin y al cabo, *NWC* era como un matrimonio en el que hay que trabajar a diario, y nosotros no lo hicimos. Fue demasiado reconocimiento muy deprisa. Desearía que lo hubiésemos creado algo más tarde en nuestras vidas, pero, pase lo que pase, siempre tendremos al tipo de Kentucky.

Tom Bradley International

Una de las veces que pasé por casa durante la gira, mi papá quiso hablar a solas conmigo y me preguntó:

—¿Qué pensarías si tu madre y yo regresáramos a Ecuador?

Aprecié que me preguntara, pero, a decir verdad, sentía más curiosidad por lo que pensara él. Dijo que había estado viéndome perseguir mis sueños y que quería hacer lo mismo. Quería volver a ser cirujano. Mi papá sabía que no sería fácil convencer a mi mamá de dejarme solo, pero era consciente de que, a punto de cumplir cincuenta años, no le quedaban muchos años de «sus manos» (es una cosa de cirujanos). Sólo tenía una última oportunidad de ver si todavía podía hacerlo. ¿Y quería saber qué pensaba yo?

—Creo que deberían hacerlo —le dije.

Sentía que había sacrificado muchísimo por mí y por mis propios sueños. Me pareció que era su turno de perseguir los suyos, aunque me doliera verlos marchar.

El dolor más desgarrador que he sentido nunca fue cuando me despedí de mi mamá. Estábamos de nuevo en LAX, pero esta vez ella iba a subirse a un avión con un pasaje sólo de ida a Ecuador. No quería que se fuera. Pero, mientras estaba de gira yo, mis papás habían decidido que ya era lo bastante mayor y lo bastante exitoso para cuidar de mí mismo. Sin que yo supiera nada, mi mamá había impedido que mi papá nos hiciera regresar a todos a Ecuador cuando yo estaba en la preparatoria. Pensó que era demasiado joven para dejarme atrás o interrumpir mi educación. Pero, cuando mi papá abordó el tema de nuevo después de la universidad, a mi mamá ya no le quedaron excusas. Admiraba a mis papás por querer regresar a Ecuador para volver a ser médicos, pero eso no significaba que estuviese preparado para poner un continente entero entre mi mamá y yo.

Estábamos los dos solos en el aeropuerto porque mi papá se había ido unas semanas antes para buscar una casa en Guayaquil. Cuando se fue, pensé que regresaría. Pero nunca regresó. Estaba ansioso por echar raíces en Ecuador. Lo entiendo. ¿Te imaginas pasar quince años sin ver a tus seres queridos? Mi papá jugó sus cartas a la perfección. Estaba empezando a preocuparse mucho por el mercado inmobiliario. Compraron una casa inmediatamente después de que les concedieran su permiso de residencia permanente, pero el valor del suelo no había dejado de subir. A mi papá le parecía demasiado bueno para ser cierto. Ningún país podía mantener esa clase de mercado inmobiliario, ni siquiera los grandes Estados Unidos de América. Mi papá estaba convencido de que iba a terminar por colapsar. Era nuevo en el juego de los bienes raíces, pero nada de eso le olía bien. Fue entonces cuando se dio cuenta de que, como pretendía regresar algún día a Ecuador para volver a ser médico, ese era el momento. Sólo le quedaba un intento más para ganar mucha plata antes de que fuera demasiado tarde. Era el año 2007. El mercado inmobiliario colapsó un año después de que mis papás se fueran.

Mi mamá y yo nos abrazamos fuerte en la terminal Tom Bradley International. No entendí por qué la gente odiaba tanto los aeropuertos hasta el momento en que tuve que despedirme de ella. La vi cruzar el control de seguridad y andar hasta su puerta de embarque. Cada paso que la alejaba de mí me dolía más que el anterior. Habíamos vivido muchísimas cosas juntos en este país. Mientras la veía adentrarse en su puerta de embarque, decidí creer que mi mamá se iba a buscar su propio pedazo del Sueño Americano, sólo que en un lugar distinto de América: en Sudamérica.

La decisión de regresar a Ecuador sólo fue posible gracias a nuestros permisos de residencia permanente. Mis papás nunca se hubiesen atrevido a irse indocumentados porque no hubiesen podido volver a entrar al país. Nuestra nueva legalidad permitió a mi mamá y a mi papá imaginar una vida distinta. Hubiesen preferido vivir en los Estados Unidos haciendo lo que habían venido a hacer a este mundo: salvarles la vida a niños. Pero, dado que no pudieron cumplir sus sueños aquí, hicieron las maletas y se marcharon en busca de una vida mejor... como habían hecho quince años atrás. Solamente que, esta vez, yo no iba con ellos.

La mano derecha de George Washington

Un año después de que mis padres se fueran, recibí una carta del Departamento de Seguridad Nacional declarando que podía empezar el proceso de solicitud para convertirme en ciudadano de los Estados Unidos. Tuve que tomarme un instante para procesar lo que tenía entre las manos. De verdad que nunca pensé que ese momento fuera a llegar. Y fue agridulce, pues estaba a punto de seguir todo el proceso en solitario.

La parte más importante de aplicar para la ciudadanía era el examen de historia americana. No estaba dispuesto a reprobar. Empecé a estudiar las veinticuatro horas. Leí tantos libros de historia como pude, lo que se sumó al vasto conocimiento sobre los Estados Unidos que había adquirido gracias a los tomos de la vieja *Enciclopedia Británica* que todavía conservaba. Me habían seguido allá donde fuera que me mudara, algo muy masoquista por mi parte.

Poco después de presentar mi aplicación, me encontraba en

otro edificio federal en el centro de Los Ángeles. Había llegado el día. Me convocaron para tomar mi examen oral de ciudadanía. No estaba tan nervioso como esperaba. De ninguna manera iba a permitir que aquel examinador federal me tomara por sorpresa. No en el día que llevaba esperando desde que descubrí que estaba indocumentado.

El examinador gubernamental era un filipino de aspecto bondadoso. Pero, dado que había mucha gente a la cola para verse con él, no hubo tiempo para la diplomacia. Fue directo al grano. Siguiendo su ejemplo, contesté a sus preguntas tan deprisa como él me las hacía:

—¿Cuál es la ley suprema del país?

—La Constitución.

—¿Cuántas colonias había originalmente?

—Trece.

—¿Cuántas enmiendas tiene la constitución?

—Veintisiete.

La velocidad a la que respondía parecía molestarle. Fue un error de cálculo asumir qué quería de mí. Quizá esperaba que me tomara mi tiempo. Estaba empezando a ponerme algo nervioso. No quería arruinar mi única oportunidad de ser americano.

El funcionario se irguió en su silla y empezó a hojear el documento buscando preguntas más difíciles. Pero no me amedrenté.

—¿Quién es el presidente de la Corte Suprema de los Estados Unidos?

—John Roberts.

—¿Para cuántos años se elige a los senadores?

—Seis.

—Dígame dos cargos del Gabinete de los Estados Unidos.

—Secretario de Estado y secretario de Defensa.

El empleado federal dejó sus papeles y rebuscó en un cajón de su escritorio. Lo creas o no, sacó otra lista de preguntas. Llegados a ese punto, empecé a entrar en pánico. Pero, de nuevo, no me rendí.

—¿Qué línea separa el norte del sur?

—La línea Mason-Dixon.

—¿Quién fue la mano derecha de George Washington cuando cruzó el Delaware?

Espera, ¿qué?

Ah, mierda. Esta no me la sabía. ¿Quién fue la mano derecha de George Washington cuando cruzó el Delaware? ¡¿Quién demonios fue la mano derecha de George Washington cuando cruzó el Delaware?! No lo sabía. Podía ver el estúpido cuadro frente a mí. Podía ver a George Washington mirando al frente, decidido, en su bote, con su actitud de capitán Morgan. El empleado federal tenía la mirada fija en mí. ¿Esperaba que me rindiera? Me negaba a hacerlo. Había llegado demasiado lejos y sufrido demasiado. Tenía que haber una respuesta. Siempre hay una respuesta. ¿Quién más sale en el cuadro? Maldita sea... ¿quién? Hasta podía ver el hielo siendo apartado por el bote. ¿Por qué no podía ver a la mano derecha de George Washington?

—¿Y bien? —preguntó el examinador.

Tras una larga y dolorosa pausa, finalmente me rendí. Le dije:

—Lo siento. No lo sé.

A lo que él contestó:

—Yo tampoco lo sé, pero si también hubiese sabido eso... ¡carajo!

En *shock*, rompí a reír de los nervios. El empleado federal sonrió y añadió:

—Felicidades. Ha aprobado de forma brillante.

Llamé a mi mamá por Skype para darle la buena noticia. Se alegró muchísimo por mí. Se me hacía extraño no poder abrazarla en un momento como aquel, pero aquella era ahora nuestra nueva realidad. Sólo podíamos conectarnos digitalmente. Mi mamá decía que mi papá también me felicitaba. No estaba en casa. Estaba operando en el hospital. Casi nunca estaba cuando los llamaba. Pensé que se sentiría mejor en Ecuador, pero fue al revés. Decía que era el precio por hacer lo que amaba en un país con una mala economía.

Cuatro meses más tarde, manejé por la interestatal 10 hacia el Fairplex en Pomona. Ya había estado ahí alguna vez para la Feria del Condado de Los Ángeles. Pero esta vez era distinto. Era una ocasión especial. Iba a jurar mi ciudadanía americana.

La ceremonia se sintió como un mal concurso de televisión. El auditorio de Pomona era increíblemente grande y estaba lleno de familiares animando a sus seres queridos. Yo, por supuesto, fui solo. Como mis papás no estaban en el país, me tomé la ceremonia como un evento cualquiera en mitad de una atareada semana de trabajo. Sólo era otra marca en mi agenda. El maestro de ceremonias —¡tenían un maestro de ceremonias!— mantuvo los ánimos altos y las cosas en marcha como en la versión exagerada de un concurso. Nos pidió que adivinásemos qué países tenían a más gente jurando la ciudadanía aquel día.

—En quinto lugar, tenemos a... —dijo alegremente— ¡Guatemala!

La audiencia silbó y vitoreó.

—En cuarto lugar... ¡China!

La audiencia aplaudió escandalosamente.

—En tercer lugar... ¡El Salvador!

Un vitoreo todavía más alto.

—En segundo lugar... ¡Filipinas!

El lugar estalló en una ovación.

Cuando pensaba que era imposible que aquello se volviera más ruidoso, el maestro de ceremonias dijo:

—Y, en primer lugar, tenemos a... ¡¡¡México!!!

Cuando recuperé el oído tras aquella explosión volcánica, proyectaron un video en una pantalla gigante. Se trataba del presidente George W. Bush dándonos la bienvenida a los Estados Unidos. Aquello fue, quizá, lo más estrambótico de todo, dado que acababa de hacerse público que habíamos ido a la guerra con Irak sin ningún motivo aparente y a todos los presentes se nos estaba pidiendo que juráramos que éramos personas de buen carácter moral bajo pena de no poder naturalizarnos.

Mientras nuestro presidente en funciones nos daba lecciones sobre los valores americanos, miré de reojo a la hermosa joven sentada junto a mí. Hacía un rato me había dicho que era de Bulgaria. Se veía como salida de un catálogo de Victoria's Secret. También vestía como salida de un catálogo de Victoria's

Secret, lo que no parecía apropiado para una ceremonia familiar. La joven búlgara no dejaba de saludar con la mano a su marido estadounidense, que estaba parado ahí cerca junto al resto de los espectadores tras las barreras. Era un hombre en mal estado físico de unos sesenta años, eufórico por que su joven esposa por fin fuera ciudadana. Sé que el amor es ciego, pero está claro que alguien estaba usando a alguien en esa situación. Volví a mirar a George W. Bush, un estudiante mediocre que no había logrado ni la mitad de las cosas que mis amigos indocumentados habían conseguido en la universidad, y la ironía me hizo sonreír.

Aquel día, salí del Fairplex de Pomona como ciudadano americano. Pensé en mis papás y en cómo, si hubiesen esperado un par de años más, podríamos haber tomado juramento juntos. Pero el camino de la vida de cada uno es distinto. Mi camino era el de un dichosamente estúpido niño americano que descubrió que no era americano. Eso podría haberme detenido. Podría habernos detenido. Pero no lo hizo. Nos unimos como se unen todas las familias inmigrantes. Éramos sólo tres personas entre doce millones de americanos indocumentados —y entre sesenta millones de latinos— en este país que se atrevieron a soñar con una vida mejor. Trabajamos duro, fortalecimos la economía, hicimos que la comida local supiera mejor y no cometimos ningún crimen. Bueno, al menos sólo cometimos los mismos crímenes que cualquier otra familia americana antes que nosotros, ¿o acaso no queremos tener en cuenta a los nativos americanos en esta historia?

Manejando por la interestatal 10, recordé el momento en

que descubrí que estaba indocumentado y le pregunté a mi mamá por qué nunca me había dicho la verdad sobre nuestros problemas de inmigración. Su respuesta todavía me asombra: «No queríamos que te criaras sintiéndote diferente. Porque los sueños no deberían tener fronteras».

No, mamá, no deberían.

Epílogo

Uno de mis primeros recuerdos de estar enfermo implica a mi mamá y a mi abuela. No recuerdo qué tenía, pero, dado que vivíamos en el muy caluroso Guayaquil, estoy seguro de que era alguna clase de virus estomacal tropical. Mi mamá, una joven que, por aquel entonces, todavía estaba luchando por sacarse la carrera de Medicina, y mi abuelita, una matriarca muy tradicional, ansiosa por legar sus remedios familiares a la siguiente generación, estaban ambas deseosas de curarme.

Mi mamá me tomó la temperatura, me hizo beber algo de agua caliente y me dio una pastilla que me haría sentir mejor. La rápida medicina moderna. La historia podría haber terminado ahí, pero entonces mi abuela le dio a mi mamá un pequeño y brillante recipiente redondo. Mi mamá sonrió y tomó un poco del mejunje de dentro y me lo extendió suavemente por el pecho. Fui totalmente incapaz de descubrir qué era aquello o cómo funcionaban sus poderes. Sólo supe que empecé a sentirme mejor de inmediato. Ese mejunje ecuatoriano recorrió todo mi cuerpo. Era evidente que sus poderes curativos estaban surtiendo efecto. No sé por qué, pero empecé a sentirme más yo; a sentirme sanado. Esa fresca sustancia casera parecida a un gel saturó mis sentidos. Por un perfecto momento, mi cuerpo se conectó con los recuerdos de mis ancestros. Mucho más que cualquier medicina que mi madre pudiera haberme dado, el remedio casero de mi abuela era algo milagroso. Todavía sin fuerzas, le pregunté a mi abuela:

—¿Qué es eso?

Con todos sus años de sabiduría a sus espaldas, me dijo con calma:

—Es *vivaporú*. —Entonces, añadió la mágica rima española que lleva siglos curando a todos los niños latinoamericanos de Occidente—: Sana, sana, colita de rana.

Los americanos que no hablen español traducirían literalmente esto como: *Heal, heal, frog's ass*. Pero estas sutilezas tienden a perderse en las traducciones. Para quienes hablamos español, «Sana, sana, colita de rana» es como una oración. Siempre ha estado con nosotros y siempre nos ha ayudado a sanar.

Cuando me enfermaba en los Estados Unidos, siempre deseaba tener algo del *vivaporú* de mi abuela. ¿De qué estaba hecho aquel mejunje secreto? ¿Qué poder tenía aquella palabra sagrada? Nunca la había escuchado hasta que mi abuelita me la dijo aquel día mientras me recuperaba: «Vivaporú». Quizá era una palabra en quechua. El quechua era la lengua hablada por los indígenas de los Andes de Sudamérica. El quechua también era el lenguaje hablado en el imperio inca. Si no te parece que los incas pudieran haber creado un ungüento medicinal capaz de curar a los enfermos, no sabes nada del imperio inca.

Para empezar, fue el imperio más grande que el Nuevo Mundo haya visto nunca. Igual que los aztecas fueron conocidos como los guerreros y los mayas como los filósofos, los incas fueron conocidos como los constructores de imperios. Su alcance e influencia fueron vastos y amplios. Un gobierno centralizado, un lenguaje unificado, acueductos, la cocción del pescado crudo con limón (léase, ceviche), todo esto existió en las Américas gracias a los incas. Ecuador formó parte del imperio inca. De hecho, uno de sus últimos emperadores, Huayna Cápac, amaba tanto Ecuador que ordenó que su cuerpo fuera enterrado en Perú (la capital inca), pero que su corazón fuera enterrado en Ecuador (el centro espiritual inca).

Vivaporú. ¿Por qué sólo me lo administraron de niño y nunca más de adulto? Siempre sentí que el motivo por el que nunca más recibí aquel tratamiento inca superada la niñez fue por haber abandonado Ecuador. Estaba siendo castigado. Aquella era la forma de mis ancestros de mostrarme su desaprobación por haber dejado Sudamérica. También era por mi abuelita. Volví a verla muy pocas veces desde que me fui de Ecuador. Y mi mamá y mi papá —una pareja de médicos— nunca se cruzaron con ninguna enfermedad que no pudiera curar una sencilla inyección. Con ellos era imposible quedarme enfermo en casa y no ir a la escuela, porque era imposible fingir que me encontraba mal, y, si lo hacía, me curaban en menos de una hora con una estúpida inyección.

Muchos años más tarde, tras mucho tiempo fuera, regresé a Ecuador por primera vez para visitar a mis papás. Estaba ansioso por ir también a casa de mi abuela. La casa en la que había nacido. Estaba exactamente como la recordaba. Sólo que, en mis recuerdos, era mucho más grande. Me sentí como un gigante atravesando los pasillos de mi memoria. Entré en el dormitorio que mi mamá y yo solíamos compartir antes de irnos a vivir con mi papá, cuando todavía era madre soltera, y recordé repentinamente a mi mamá y a mi abuela cuidándome cuando estaba enfermo. Emocionado, me volteé hacia mi abuela y le dije:

—¿Podrías llevarme a buscar algo de *vivaporú*?

Mi abuelita sonrió. Se moría de ganas de acompañarme en aquel viaje. Por fin había llegado el momento.

Mi abuela empezó a alistarse ansiosa. Para ella, cualquier motivo era bueno para dejar la casa. Se alegraba de pasar tiempo conmigo, igual que yo con ella. Pero, si soy totalmente sincero, lo que me tenía más emocionado —quizá incluso nervioso— era poder, por fin, hacerme con el *vivaporú*. Me daba igual cuán lejos tuviéramos que viajar, o cuánto tuviera que pagar. Aquel sería el día en que me reuniría con nuestra medicina sagrada.

Salí con mi abuela y me sorprendió descubrir que no íbamos a pedir un taxi. Dijo que podíamos conseguir *vivaporú* al final de la calle. Siempre había supuesto que mi abuela preparaba aquel ungüento a mano en casa, pero tenía todo el sentido que tuviese una amiga chamana en el barrio. Había oído hablar de la brujería que las mujeres de la ciudad utilizaban contra sus hombres cuando las engañaban. Quizá también eran responsables del *vivaporú*.

Mi abuela me llevó a un supermercado. Supuse que le haría falta reponer sus pastillas de calcio antes de ir a casa de su amiga.

Fue hasta el pequeño pasillo de remedios caseros y me hizo una seña para que me acercara. Curioso, la seguí y me entregó una cajita azul. Se la veía muy satisfecha. La cajita contenía una botella con un ungüento que tenía la forma exacta que recordaba ver cuando era un niño enfermo. Abrí la caja, saqué el pequeño contenedor redondo y leí la etiqueta...

Casi se me cae la botella y derramo el ungüento mágico por todas partes. En una versión cinematográfica de mi vida, eso es exactamente lo que hubiese ocurrido. Es el momento de la película en que descubres quién es Keyser Söze; cuando te das cuenta de que Borat fue enviado a América para propagar el coronavirus sin que nadie se diera cuenta. Todo mi mundo se detuvo mientras leía la etiqueta y me daba cuenta por primera vez de que el *vivaporú* era en realidad Vicks VapoRub.

Así es. ¡Era el maldito VapoRub! Ese era el ungüento indígena sanador de mi infancia. Llevaba dos décadas anhelando esa poción sanadora corporativa y había resultado ser el mismo Vicks VapoRub que había tenido al final de la calle de mi casa desde el principio. Nunca odié tanto la falta de articulación de mi gente como en aquel momento. También me percaté entonces de que la colonia rusa «Mikhail Hordan» que mi primo ecuatoriano llevaba con orgullo era en realidad «Michael Jordan».

Descubrir que el *vivaporú* era Vicks VapoRub fue la segunda revelación más chocante de mi vida. La primera fue descubrir que mi mamá y mi papá se habían divorciado.

He dejado este último dato para el final porque me sigue doliendo mucho hablar de ello. Pero, más allá de eso, para mí era importante no juzgar a Enrique (a mi papá) mientras escribía este libro. Quería que mis maravillosos recuerdos de infancia de nosotros dos juntos permanecieran intactos e indemnes. Lego mis recuerdos a este libro para protegerlos del tiempo. Nadie podrá privarme nunca de ellos, ni siquiera el mismo Enrique.

En lo que respecta a mi mamá, su resistencia sigue pareciéndome inspiradora. Primero me demostró el valor y la fortaleza necesarios para venir a un nuevo país sin hablar el idioma, ni conocer la cultura o siquiera tener un empleo. Ahora me está demostrando lo que cuesta regresar, recoger los pedazos de su corazón roto y empezar de nuevo. Por increíble que parezca, mi mamá se separó tras treinta y cuatro años de matrimonio, se contagió de COVID-19 dos meses después, al principio de la pandemia global, y fue capaz de sobrevivir a ambas cosas.

Mi mamá volvió a subirse a un avión y se dirigió a un futuro incierto sólo con media sonrisa en el rostro, pero con un valeroso corazón abierto. El único lado bueno era que esta vez su viaje no la alejaba de mí, sino que la traía conmigo.

Mientras abrazaba a mi madre en LAX, felizmente reunido con ella tras más de una década separados, me descubrí repitiendo una sencilla frase:

Sana, sana, colita de rana.

Agradecimientos

Me ha resultado increíblemente doloroso escribir este libro. No es fácil examinar tu vida y descubrir que algunas de las verdades a las que te aferrabas siempre fueron mentira. Como siempre, quiero darle las gracias a mi hermosa familia —tanto a la biológica como a la elegida— por los bellos recuerdos a lo largo de los años. Estoy deseando crear muchos más juntos. Y, como solía decir mi Tata: «Y el que diga que no... ¡la p*#@ que lo parió!».

He omitido muchas historias de estas memorias a petición de las personas con quienes las viví. También he cambiado los nombres de las jóvenes con las que tuve relaciones románticas en un intento de proteger sus identidades. Sin embargo, debo mencionar a Jane Becerra, quien tuvo la disposición de casarse conmigo al terminar la preparatoria para ayudarme con mis problemas de inmigración. El adolescente asustado que solía ser te estará eternamente agradecido, Jane.

Quiero darle personalmente las gracias a Johanna Castillo, quien primero trató de ficharme cuando era editora y después me llevó consigo cuando se hizo agente. No hay muchas ecuatorianoamericanas que hayan salido en la lista de «Las 25 poderosas» de *People en Español*, así que gracias por creer en mí como escritor incluso antes de que lo hiciera yo.

De la misma forma, debo darle las gracias a mi editora, Suzanne O'Neill. Colaborar con un escritor novel da mucho trabajo, así que gracias por acoger este libro tras haber trabajado en memorias tan fantásticas como las de Mindy Kaling. ¡Me enorgullece saber que estoy en algún lugar al final de la lista de tus grandes éxitos!

Gracias a Ma y Pa Kent. América parece un lugar mejor por el amor que tanto yo como otros universitarios recibimos de Liesel Reinhart y Steven T. Seagle. Mientras ustedes dos siguen expandiendo su familia, recuerden que fui su primer hijo adoptivo.

A mi familia *NWC*, que empezó con mis hermanos Miles Gregley y Allan Axibal, continuó con Daisuke Tsuji y llegó a su gloriosa conclusión con Jackson McQueen y Dionysio Basco. Significa mucho para mí que nos fuéramos juntos de gira por los Estados Unidos y cambiáramos las opiniones de las personas de función en función.

A mis chicos: Sal Acosta, Napoleón Quezada y Tommy Richardson. ¡Los quiero mucho!

A mis primos: Iván «Choli» Arrata, Raúl Cruz, Diane Arrata, Michelle Cruz, Priscilla Monserrate-Sanders, Beatriz Campos, Jessica Monserrate, Juan Pablo Haz y Liz Arrata Pérez... y al rey filósofo, Joseph Miller. Gracias por tratarme siempre como a un hermano. Como no tuve hermanos biológicos, ustedes estuvieron siempre conmigo.

AGRADECIMIENTOS

A mis panas Steven Garcia, Kenny Zhou y Ashley Platz: ¡tenemos que volver a subirnos a un yate cuanto antes! #MinoríasEnUnYate. Ahora, en serio, Ashley, gracias por salvarme la vida.

Al señor Moser y a todos los valerosos profesores de West Covina High School que se vieron obligados a soportarme. Lo siento. Como verán, estaba pasando por un momento complicado.

Al equipo de oratoria y debate de Mt. SAC. ¡Sigan haciéndonos sentir orgullosos! Y a mi antigua compañera del campeonato AFA Duo, Tasse Godinez. Descansa en paz, amiga mía.

A mis hermosos hermanos y hermanas morenos de UCLA TFT y al hombre que nos unió a todos, José Luis Valenzuela. Gracias.

A los pioneros latinos de Hollywood que creyeron en mí cuando nadie más en la industria lo hacía. Hoy no tendría carrera si no fuera por Gina Rodriguez, Wilmer Valderrama, Pete Corona, Flavio Morales y el gran Edward James Olmos.

A mi agente de Hollywood, Kyle Loftus. ¡Todavía espero que me conviertas en el 50 Cent latino!

A los alumnos de la escuela pública del Youth Cinema Project. No puedo esperar a ver las excelentes carreras (¡en Hollywood o en cualquier otra parte!) que tendrán todos. Si yo pude pasar de aprender inglés a escribir para la televisión en inglés, ustedes pueden hacer lo que sea.

A los cineastas y miembros del Latino International Film Festival de Los Ángeles (LALIFF). Aprendo muchísimo de todos ustedes cada día. Luchamos por la promoción de y el apoyo a las historias latinas en Hollywood porque ustedes ayudan con su trabajo a redefinir lo que significa ser americano.

A la junta directiva y al personal del Latino Film Institute. Gracias por permitirme ser la imagen de esta organización revolucionaria. Prometo trabajar para ser un mejor líder y hacerme más útil para todos y cada uno de ustedes.

A las muchas personas que han impactado enormemente en mi vida durante los últimos años. Son demasiados para mencionarlos a todos, pero eso no impedirá que lo intente: Bonny Garcia, Wendy Carrillo, Ali LeRoi, Alexis Tirado, Eloy Mendez, Ruben Garcia, Tonantzin Esparza, Erika Sabel Flores, Ray Jimenez, Marvin Lemus, Nicolas Barili, Corinne Brinkerhoff, Jolene Rodriguez, Kaitlin Saltzman, Patty Rodriguez, Gorka Urzaiz, Jose Antonio Vargas, Miren Gea, Bambadjan Bamba, Scott Sanders, Mabel Arrambide, Julio Salgado, Ana-Christina Ramon, Curly Velasquez, Eric Ro, Marlena Rodriguez, Tiffany Grant, Diana Cadavid, Adam Martínez, Bodie Olmos, Magdiela Duhamel, Frank Williams, Bryan Dimas, Uriel Saenz, Jennie Snyder Urman, Julio Anta, Erick Galindo, Danube Hermosillo, Wendy Rivadeneira, Adriana Martinez Barron, Valentina Garza, Carolina Rivera, Jen Goyne Blake, Anibal Romero, Nzinga Blake, Gaye Hirsch, Mara Topic, Alexis de la Rocha, Peter Friedlander, Alicia Marie Agramonte, Rick Miller, Andrea Rivadeneira, Cristela Alonzo, Joaquin Castro... Está bien, mentí. Definitivamente son demasiados. Lo siento, no puedo mencionarlos a todos, ¡pero los amo!

A Pyet DeSpain. Cocinar es tu lenguaje del amor. Afortunadamente, comer es el mío.

AGRADECIMIENTOS

A mis ahijados, Emilia Landívar y Salvador Acosta IV. Nunca dejen de aprender. Por favor, recuerden que las personas son como las plantas: si no estamos creciendo, estamos muriendo.

A Sergio «Chochis» Monserrate. Naciste un día después de mí porque estabas destinado a aprender de mis errores. Eres un mejor líder, creador y persona de lo que yo nunca seré. Es el mayor de mis privilegios ser tu hermano mayor.

A Enrique. De verdad, espero que hayas encontrado la felicidad que habías estado buscando toda tu vida. Guardo en el corazón todos los recuerdos que compartimos porque para mí fueron reales.

Y a mi mamá, Violeta Lucía Arrata. Todo lo que he logrado en la vida ha sido gracias a tu amor, al ejemplo que has predicado y a tu insistencia en permitirme soñar sin límites, libre y salvajemente.

Sobre el autor

Rafael Agustín fue guionista de la premiada serie de The CW *Jane the Virgin*. Es miembro de Sundance por su comedia familiar *Illegal*, basada en los años que pasó siendo un americano indocumentado. Agustín cocreó y actuó en la premiada comedia autobiográfica de alcance nacional *N*gger Wetb*ck Ch*nk*, que recibió elogios del *Los Angeles Times,* el *New York Times* y el *Denver Post* y ganó premios por sus avances en materia de justicia social en las artes. Es el CEO del Latino Film Institute (LFI), donde supervisa el Youth Cinema Project, el Latino International Film Festival de Los Ángeles (LALIFF) y LatinX in Animation. En 2018, *LA Weekly* nombró a Agustín como una de las cincuenta personas esenciales en Los Ángeles. En 2021, fue nombrado miembro del National Film Preservation Board. Agustín obtuvo su licenciatura y su maestría del UCLA School of Theater, Film and Television y participó en CBS Diversity Comedy Showcase. Actualmente, CBS Studios está produciendo una serie de televisión basada en su vida.